雲門宗叢書

主編 釋明向
執行主編 馮焕珍

大藏經綱目指要録

上

[宋]惟白 集 夏志前 整理

上海古籍出版社

雲門宗叢書編委會

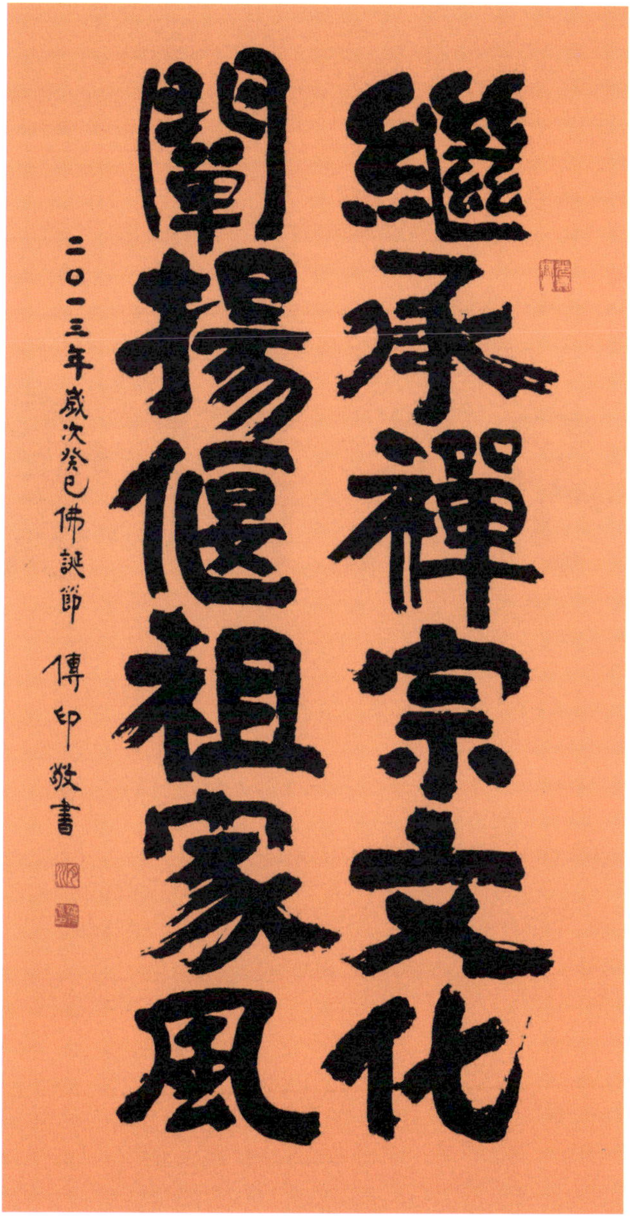

中國佛教協會會長傳印老和尚題詞

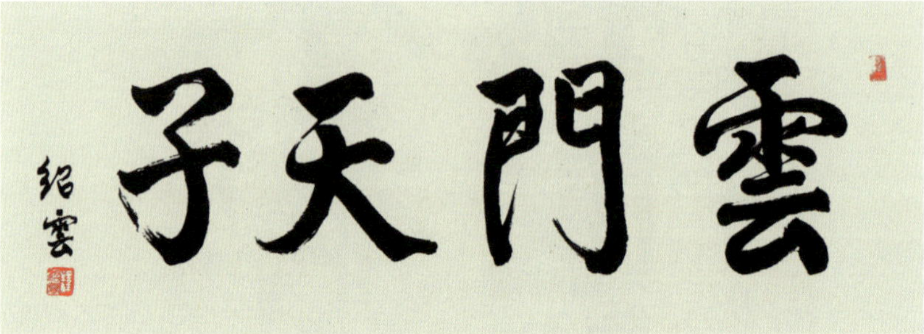

安徽二祖寺、褒禪寺方丈紹雲老和尚題詞

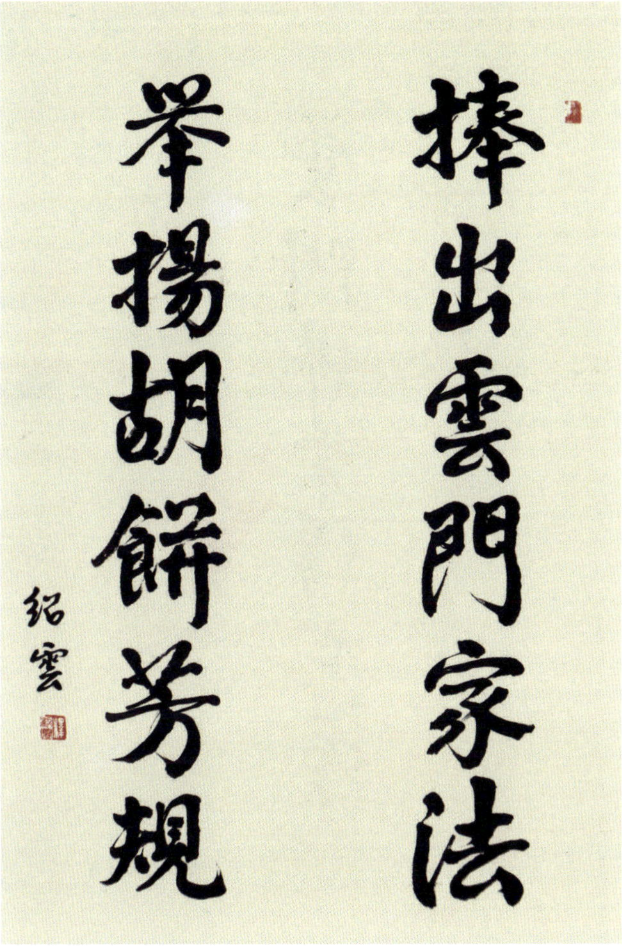

安徽二祖寺、褒禪寺方丈紹雲老和尚題詞

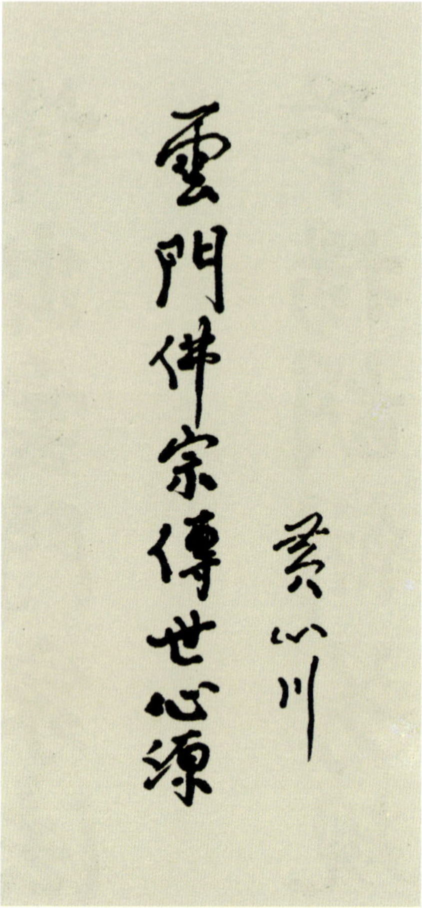

中國社會科學院榮譽學部委員、
世界宗教研究所研究員黃心川先生題詞

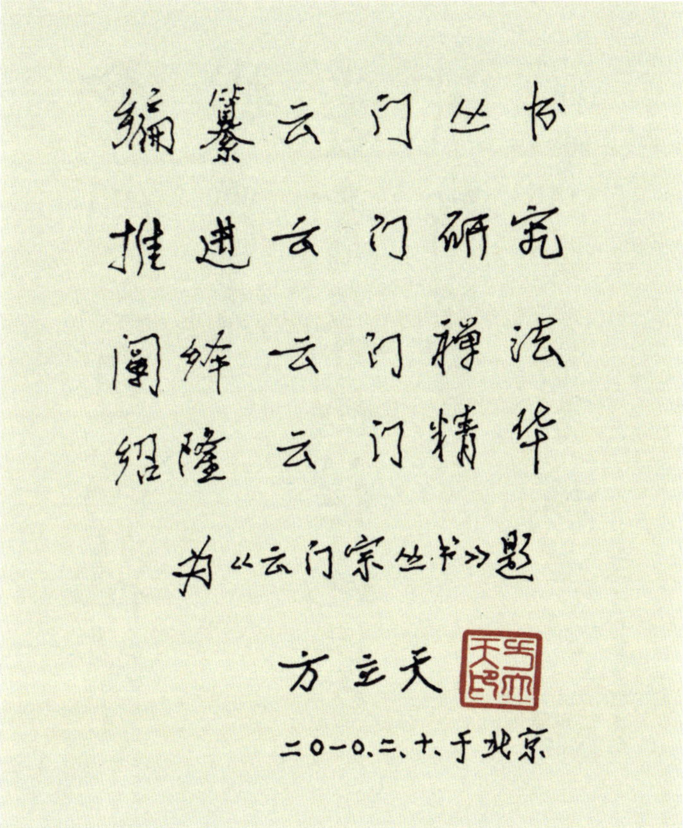
編纂云门丛书
推进云门研究
闡绎云门禪法
绍隆云门精华
为《云门宗丛书》题
方立天
二〇一〇、二、十、于北京

原中國人民大學佛教與宗教學理論研究所所長方立天先生題詞

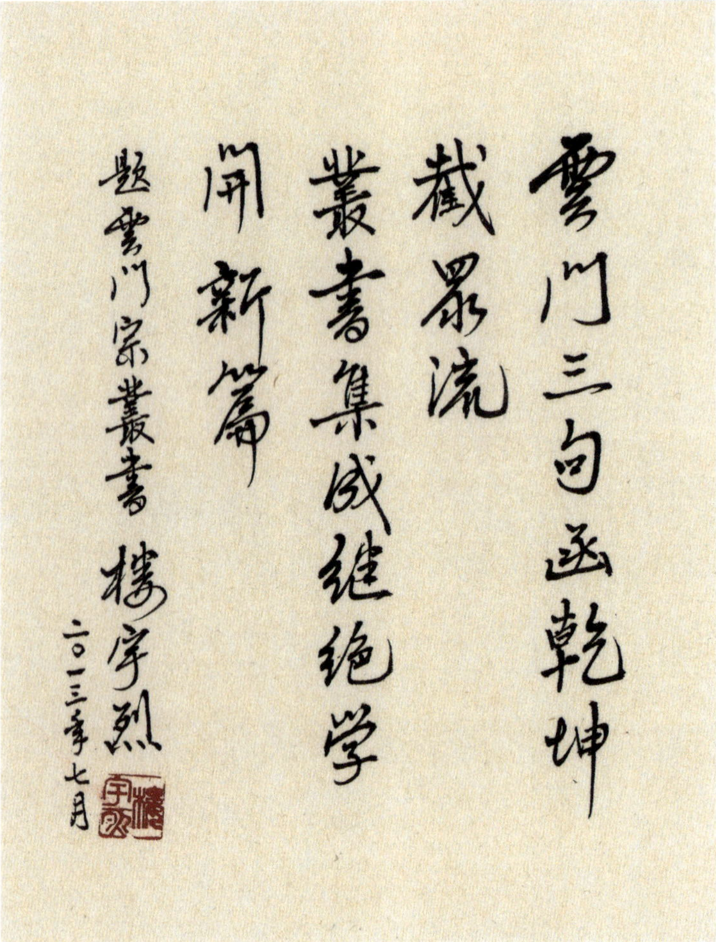

北京大學宗教文化研究院名譽院長樓宇烈先生題詞

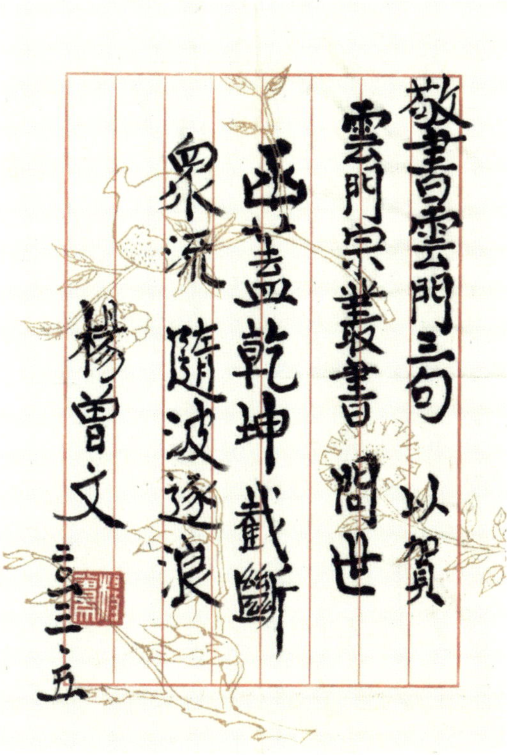

中國社會科學院榮譽學部委員、
世界宗教研究所研究員楊曾文先生題詞

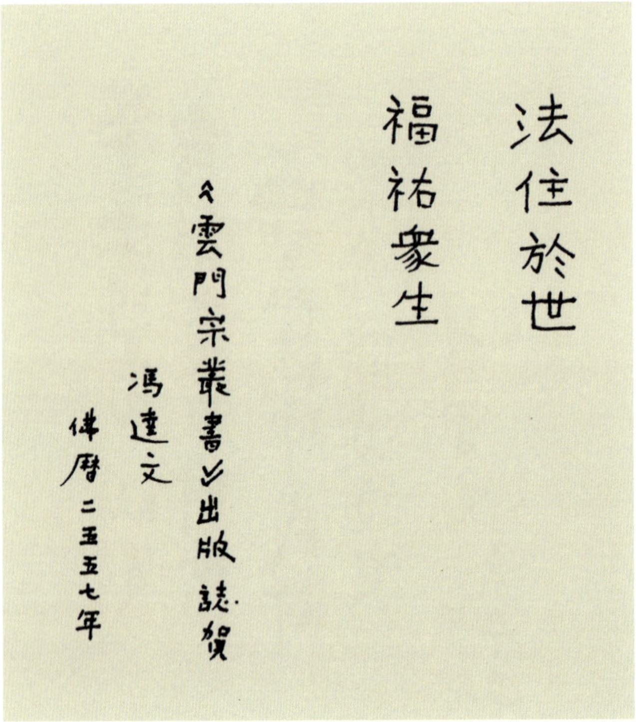
法住於世
福祐衆生
《雲門宗叢書》出版誌賀
馮達文
佛曆二五五七年

中山大學比較宗教研究所所長馮達文先生題詞

「雲門宗叢書」序一

釋紹雲

夫佛法東來，感摩騰、法蘭二大士於漢明帝之前大顯神異，折伏儒道之士，由是始得大爲弘揚。禪宗五宗七支，上溯自天竺迦葉，傳至二十八祖達摩，遂稱東土初祖；又五傳而至曹溪慧能大師，是爲六祖。然單傳之説，祇就衣鉢授受而言，若夫傳法，西天既未可考，東土早有分支。

我國自六祖大師後，宗風大振，主系有南岳、青原兩脈，南岳演出潙仰、臨濟兩宗，後又分楊岐、黄龍兩派；青原演出曹洞、雲門、法眼三宗。考雪峰義存禪師傳雲門禪師後方立雲門宗，十一傳至温州光孝己庵深浄禪師止，後典籍失載。近代宗門泰斗虚雲演徹禪師，爲續雲門慧燄，重興雲門山大覺禪寺，恢復祖庭叢林規模，重振農禪並重宗風，四方衲子雲蒸霞蔚，宗門道場蔚然重現。爲使五宗傳燈無盡，虚老更演五十六字法派以期後賢！

當雲門立宗之時，偃祖爲明己事，鐵心爲法，被睦州禪師掩門折腳，實爲後世楷模。文偃禪師出世後，坐鎮雲門，示三關之捷，唱胡餅之機，接引八方學者，啓迪英靈衲子，苦參力究，奮志衝關。門庭險峻，與趙州並駕齊驅。同時，十八載語策侍者香林澄遠禪師，促其徹悟自心，可謂婆心切切。

世事滄桑，法運循轉。劫難過後，撥亂反正，因緣際會，雲門重光。十三世佛源妙心禪師一肩擔起修復重任，在舊有基礎上擴大建築規模，增建殿堂樓閣，毀壞殆盡之寺院俄成寶坊，；爲培育僧才興辦雲門佛學院，教學大樓巍巍壯觀，未來僧才茁壯成長，爲當來弘揚佛法奠定可靠基礎。

今之雲門更勝昔之雲門，現任方丈明向大和尚荷擔如來家業，不僅謹守雲門家法，更且大力弘揚祖師智慧。爲整理、保存與研究雲門宗歷代祖師大德之文獻與思想，與多位大德學者共同編纂「雲門宗叢書」出版發行，俾廣大人群共霑雲門法雨，同種金剛善根，想偃祖、虛公與佛老定於常寂光中微笑在！

叢書行將付梓，明向大和尚邀余作序。吾自知於雲門宗研究匪深，加以文字淺陋，難書該宗詳情。然盛情難卻，遂勉撰數語以作隨喜贊嘆。錯漏之處，尚祈諸方賢德不吝指教！是爲序。

癸巳仲夏月吉旦

「雲門宗叢書」序二

楊曾文

中國是個重文史的文明古國，有盛世修典的優良傳統。進入改革開放時期以後，全國各地修史、修大型文獻典籍的報道相繼不斷。佛教作爲中國的民族宗教，並爲傳統文化的重要組成部分，也保持這個傳統。佛教團體或人士聯合學者校刊編印大藏經、編纂文獻叢書與寺志等文化事業，取得了可觀成績。地處廣東省乳源縣的雲門山大覺禪寺，是禪門五宗之一雲門宗的發祥地。近年，爲挖掘雲門宗歷代文化資源、全面整理和保存雲門宗歷代珍貴文獻，並爲進一步推動雲門宗歷史和思想的研究，由方丈明向法師出任主編，請中山大學哲學系馮焕珍教授擔任執行主編，組織編纂了「雲門宗叢書」，即將面世。他們希望由我寫篇序。

雲門山大覺禪寺在唐五代屬於韶州，東邊鄰近南宗發祥地曹溪。雲門宗創始人文偃禪師上承六祖惠能——石頭希遷——天皇道悟——龍潭崇信——德山宣鑒——雪峰義存的法系。文偃禪師生活在五代十國時期，當時大覺禪寺在南漢劉氏政權的管轄範圍之内。文偃禪師在創立雲門宗的過程中得到南漢高祖、中宗的大力支持。

文偃禪師（八六四—九四九），俗姓張，蘇州嘉興人。出家後雖曾從睦州陳尊宿受法，然而一直奉雪峰義存禪師爲師，傳承雪峰的法系。南漢乾亨七年（九二三），經奏南漢王批准，文偃禪師率弟子到雲門山創建新寺，經五年建成，南漢高祖敕賜光泰禪院之額。後改稱證真禪寺，南漢即將滅亡的大寶七年（九六四），後主又敕改爲大覺禪寺。

雲門文偃禪師説法和接引學人的語録，有弟子守堅集録的《雲門匡真禪師廣録》三卷。在禪門五宗的創始人中，衹有臨濟義玄、雲門文偃禪師有這樣的語録留傳下來。現存《雲門廣録》是經北宋福州鼓山圓覺寺宗演校勘的。宗演是雲門宗禪僧，現存《臨濟録》的常用本最早也是由他校勘的。雲門文偃禪師的生平事蹟，《宋高僧傳》無載，主要見於南漢乾和七年（九四九）雷嶽撰《雲門山光泰禪院匡真大師行録》、南漢大寶元年（九五八）雷岳撰《大漢韶州雲門山光泰禪院匡真大師實性碑並序》、南漢大寶七年（九六四）陳守中撰《大漢韶州雲門山大覺禪寺大慈雲匡聖宏明大師碑銘並序》。此外，《祖堂集》《景德傳燈録》《禪林僧寶傳》以及《聯燈會要》《五燈會元》等書對文偃禪師的生平有詳略不同的記載。

宋代在中國文化思想發展史上佔有重要地位，不僅對後世影響深遠的新儒學形成於這個時期，文學、史學、書畫藝術也取得前所未有的成績。這一成績與儒、釋、道三教的會通和融合有重要關係。北宋時期，佛教的禪門五宗，雲門宗最爲盛行，影響也最大，其次是臨濟宗與曹洞宗。文偃生前的嗣法弟子多達八十八人，有不少人在宋初才四五十歲，正精力充沛地從事傳法和育徒的活動。《傳法正宗記》所載八十八位禪師中，有三十二人在廣東傳法，僅在韶州（治今韶關）就有二十四人；有十二人在江西廬山、信州（治上饒市）等地傳法；有十一人在湖南潭州（治今長沙）、岳州（治今岳陽）等地傳法；另有十一人在湖北郢州（治今鐘祥市）、襄州（治今襄陽市）等地傳法。此外，在今安徽有七人，四川有五人，江蘇、陝西、山西各有一至二人。他們活躍於北宋太祖、太宗二朝。到雲門下二世、三世之時，雲門宗發展迅速。至雲門下三世時，雲門宗開始走出廣東而向江浙及其他地區擴展。

宋仁宗（一〇二三—一〇六三年在位）繼真宗之後有意扶助禪宗，支持在京城興建十方淨因禪寺，召請雲門宗禪僧洪州（治今江西南昌）泐潭寺懷澄的弟子懷璉（一〇〇九—一〇九〇）入京擔任方丈，推動了禪宗在京城和北方的傳播。此後，宋神宗下詔將相國寺六十四院改建爲八院：二禪院、六律院。這兩所禪院是慧林禪院、智海禪院。神宗詔雲門宗僧宗本爲慧林禪院住持，雲門宗僧本逸爲智海禪院住持。此後，宋英宗的三女、神宗之妹歷封冀國、秦國、越國大長公主，與駙馬都尉張敦禮在元豐五年（一〇八二）奏請建成法雲禪寺，神宗詔雲門宗僧法秀（一〇二七—一〇九〇）入住傳法。皇室、權貴和儒者士大夫信奉和支持，是促進包括雲門宗在內的禪宗在京城和全國迅速興盛的重要原因。

這樣，至雲門下四世時，雲門宗不僅已經在江浙等地走向興盛，而且因爲先後有禪師應朝廷召請入京傳法，在京城和北方迅速擴大影響。著名禪師有雪竇重顯的弟子、越州（治今浙江紹興）天衣寺的義懷（九九三—一〇六四），襄州延慶山子榮的弟子、廬山圓通寺居訥（一〇一〇—一〇七一），住持過京城十方浄因禪寺、明州育王山寺的大覺懷璉，洞山曉聰的弟子、錢塘（杭州）佛日禪院的契嵩（一〇〇七—一〇七二），廬山開先寺善暹的弟子、南康軍（治今江西南昌）雲居山了元（一〇三二—一〇九八）。

至雲門下五世、六世時，雲門宗進入極盛時期。五世中著名禪師有天衣義懷的弟子、東京（今河南開封）慧林寺的宗本和法雲寺的法秀；六世中著名禪師有慧林宗本弟子、東京法雲寺的善本，法雲法秀的弟子、東京法雲寺惟白。然而在此之後，雲門宗開始走向衰落。

一一二五年金朝滅遼之後，第三年南下攻陷開封，擄獲宋徽宗、欽宗北歸。康王趙構於南京（今河南商丘）即位，成立南宋。從此，禪宗傳播中心南移，而隨著臨濟宗、曹洞宗走向興盛，雲門宗逐漸失去傳承，迅速衰微消亡。

雲門宗在中國佛教和文化史上作出了重要貢獻。北宋時禪宗興盛，受社會注重文史文風的影響，促進了禪宗文字禪的發展，先後形成大量體裁多樣、卷帙浩繁的文字著述，除有大量傳法語録外，尚有拈古、頌古、評唱等等。雲門宗僧雪竇重顯用偈頌對前人公案作贊頌，撰有《雪竇頌古》百則傳世；薦福承古以偈頌對著名的「臨濟三玄」進行發揮；契嵩比較儒、佛二教異同，撰有會通佛儒的《輔教編》，還有大體以儒家觀點撰寫的《皇極論》《中庸解》及《論原》等論文，又有梳理禪宗傳法世系和傳記的《傳法正宗記》《傳法正宗論》等，兩次進京向仁宗皇帝上書，闡述佛教與王道、儒家綱常名教一致，請求朝廷扶持佛教傳播。迄今所傳著名禪宗「燈史」

有五種，稱「五燈」，其中有兩部是雲門宗學僧編撰，即佛國惟白編撰的《建中靖國續燈録》、雷庵正受編撰的《嘉泰普燈録》。宋代很多儒者與佛教保持密切關係，對促成儒、佛文化的溝通和交流發揮了積極作用。雲門宗僧佛印了元禪師與理學奠基人周敦頤、大文豪蘇軾的密切關係，大覺懷璉禪師在京城長期傳法，經常接近仁宗皇帝和蘇軾等著名儒者……這些都在中國文化史上留下饒有韻味的傳聞。

南宋以後，雲門宗雖日漸衰微以至失去傳承，然而雲門寺卻一直是中國佛教的重要傳法中心之一，直至近代以後纔日漸敗落荒廢。著名高僧虚雲和尚一九四四年在韶關曲江主持重建曹溪南華寺之後，以一百〇五歲的高齡來到乳源縣，殫精竭慮地將雲門寺重新加以修復，梵宇得以重光，宗風因而再振。虚雲和尚既傳曹洞禪法，又兼傳臨濟禪法，並且以「中興雲門，匡扶法眼，延續潙仰」自任，致力於培養弘法人才，佛源長老（一九二三—二〇〇九）就是他的門下高足之一。長老於一九五三年接手住持雲門寺，在當時困難條件下遵循農禪並重的傳統，努力維持寺院運轉。在「文革」中，雲門寺遭受重大破壞。進入改革開放新時期後，佛源長老回到雲門寺，主持重修寺院和恢復法務，再次將雲門寺建爲嶺南佛教重鎮。一九九二年成立雲門佛學院，培養出一批又一批法師走上弘法利生和文化教育的崗位。自二〇〇三年開始，佛源長老的嗣法弟子明向法師受命擔任雲門寺方丈。佛源長老圓寂後，明向法師繼承長老未竟之業，在寺院擴建、信仰和道風建設、發展文教等方面不斷做出新成績。

「雲門宗叢書」擬由「典籍編」和「研究編」兩大部分組成，收雲門宗文史文獻約三十來種。特别值得一提的是，在「研究編」中收有新編纂的《佛源妙心禪師年譜》《雲門宗史》《唐宋時期的雲門宗及其北漸》《雲門寺文物考古》以及《續修雲門山志》《雲門匡真禪師廣録研究》《契嵩佛學思想研究》等，叢書的出版將爲社會各界人士瞭解和研究雲門宗、雲門寺乃至中國佛教文化史帶來方便，並提供具有參考價值的文獻資料。

值此叢書面世之際，謹撰上序以爲賀。

二〇一三年七月二日於北京華威西里自宅

「雲門宗叢書」序三

釋明向

中國禪宗起源于達摩祖師西來，爾後衣鉢代代相傳，至六祖時禪法大興，「一花開五葉」，燦爛輝煌，燈燈續焰，法脈演變爲「五宗七家」。雲門宗是其中的一宗，其開創者文偃禪師是一位傑出的禪師。文偃祖師悟道曾得到陳尊宿睦州和尚的提攜和接引，法脈承傳於雪峰義存禪師，並爲靈樹如敏禪師所器重，在五代十國時期（九二三），蒙南漢國主劉龑的支持，於廣東韶關乳源縣雲門山興建寺院，開闢道場，成就雲門宗祖庭，雲門宗的傳法從此有了根據地。

偃祖禪風犀利，孤危聳峻，形成獨具特色的雲門宗風，其中最爲突出的有雲門三句「涵蓋乾坤、截斷衆流、隨波逐浪」、「顧鑒咦」、「一字禪」等禪法的傳授。令天下學侶望風而至，後人論及各宗禪風時，有「雲門天子、臨濟將軍、曹洞土民」之説。

偃祖之後約三百年中，雲門宗弟子弘化諸方，住持叢林，法嗣極其興旺。宋初，雲門宗達至鼎盛，宗風振揚于大江南北，湧現了許多出類拔萃的高僧大德，如第二代有白雲子祥、德山緣密、洞山守初、香林澄遠、巴陵顥鑒等八十餘人，第三代有智門光祚、五祖師戒、文殊應真等八十餘人，第四代有洞山曉聰、雪竇重顯等兩百餘人，第五代有天衣義懷、佛印了元、雲居曉舜、圓通居訥等兩百餘人。特别是圓通居訥、大覺懷璉、佛日契嵩、慧林宗本、法雲法秀等大成就禪師，因宋王朝的推崇敬重而達至尊至貴的地位，住持在京城的各大寺院，使雲門宗一時大興於世，也使得雲門宗弘揚的重心由山林轉向都市，由粗布麻衣轉爲紫衣磨衲。這既給弘法帶來很多便利，同時也潛伏了深遠的危機：當年文偃祖師「忘餐待問，立雪求知，困風霜於十七年間，涉南北於數千里外」的刻苦求知、真參實證的寶貴精神漸漸淡化，而且後來雲門宗有部分祖師因過分浄土化而失去了禪宗特色。加之雲門宗人才流失，金兵入侵的打擊等等，諸多原因致使雲門宗傳至第十一代即光孝己庵深浄禪師時，法脈沈寂，燈焰熄滅。晚近以來，禪宗泰斗上虚下雲老和尚於一九四四至一九五二年住持雲門祖庭，苦心弘化，重續法脈。

一九五三年恩師上佛下源老和尚接任方丈，丕振宗風，後經「反右」及「文革」二十餘年諸多磨難歷練，恩師道心益堅，並在南華寺冒死護匿六祖靈骸，功德巍巍。恩師於一九八三年重返雲門，恢復重建祖庭，日夜操勞，事必躬親，農禪並重，興辦佛學院，培養僧才。從一九八六年至二〇〇八年期間，在雲門寺開壇傳戒七次，續佛慧命，爲中興雲門宗嘔心瀝血、不遺餘力，並在虚公「三不」精神——不住城市、不住小廟、不住經懺門庭——的基礎上，提出了「三要」：「將身心傾注在祖師道場，把禪風播揚光大，把明心見性作爲終身奮鬥的目標」，爲後人指示了修行弘法的具體目標和要求。在恩師的艱苦努力及巨大的道德感召力之下，雲門祖庭常住三百多人，戒律清浄，道風純正，堅持農禪並重的祖師家風，久經患難而始終生生不息的雲門宗，今日重新呈現出大興於世的氣象。

二〇〇九年恩師離開人世後不久，雲門寺常住四衆弟子化悲痛爲力量，繼承恩師的遺志，把振興雲門宗作爲自己的責任，著手修建恩師紀念堂。同時，爲了讓廣大信衆以及所有關注中國禪宗發展史，尤其是傾心於雲門宗的高峻禪風的學人，能夠增進對雲門宗的瞭解，並從中獲得生活、學習以及修行的真實受用，雲門寺與中山大學哲學系聯合編輯歷代雲門宗祖師的語録等典籍，研究雲門宗的歷史與思想，計劃分批出版，以傳承雲門宗的綱宗法脈。目前，恩師的紀念堂已落成使用，雲門宗典籍的整理、編輯與研究也取得初步的成績，將陸續分批流通。我們相信，在黨和政府的關懷下，在歷代祖師的加持下，在諸山長老的提攜下，在雲門宗四衆弟子的共同努力下，雲門宗一定能夠繼往開來、法脈興盛。

作爲雲門宗第十四代傳人，我有幸參與目前的工作，隨喜雲門宗的傳承和發展，隨喜大家的功德，願雲門宗歷代祖師的德行精神光照塵寰，廣利人天。今不揣鄙陋，聊綴數語，是爲序。偈贊曰：

偃祖開山扛大旗，天子氣象甚神奇；涵蓋乾坤衆流斷，隨波逐浪正當時。
歷代祖師傳法脈，承前啓後斬荆棘；龍象踏蹴步賢聖，弘宗演教化愚癡。
興衰更迭十一代，凋零破敗祖燈熄；虚公中興秉大願，含辛茹苦育芳枝。
佛老臨難而繼任，荷擔家業未推辭；護寺安僧廣傳戒，育才辦學固根基。

農禪並重家風振，德澤普被法雨施；祖德汪洋言無盡，整編典籍酬大悲。
惟願後賢續祖業，宗門重輝顧鑒咦；潛心勵志修定慧，孤峰頂上作雄獅。

壬辰年觀音誕

廣東雲門山大覺禪寺明向沐手焚香敬撰

整理説明

在北宋(九六〇—一一二七)佛教史學中,佛經目録學的成果十分顯著。據統計,北宋時期所編纂的主要佛教書目有張從信《蜀州刻藏經目録》,趙安仁《大中祥符法寶録》,吕夷簡《景祐新修法寶録》,元絳、蔡確《元豐法寶録》,釋惟净《天聖釋教總録》,釋雲聖《大藏經隨函索隱》,釋遵式《教藏隨函目録》,釋惟白《大藏經綱目指要録》(後文簡稱《指要録》),王古《大藏聖教法寶標目》及《宋史·藝文志》所著録《諸經提要》。[一] 在這些成果中,雲門宗門下六世佛國禪師惟白的《大藏經綱目指要録》是「現存最早的一部《大藏經》解題著作」。[二]

一、惟白與《大藏經綱目指要録》

惟白,北宋時雲門宗禪僧,號佛國禪師,爲北宋東京(今河南開封)法雲寺第三代住持,其生

〔一〕參見白金:《北宋目録學研究》,河南大學博士論文(二〇一二),第二一三頁。

〔二〕參見陳士强:《大藏經總目提要·文史藏》,上海古籍出版社,二〇〇八年,第一一三頁。

平未見於宋以降僧傳。宋陳師道《後山叢談》卷六載：「眉山公卒，太學生侯泰、武學生楊選素不識公，率衆舉哀，從者二百餘人。欲飯僧於法雲寺，主者惟白下聽，慧林佛陀禪師聞而招致之。」〔二〕編著有《建中靖國續燈録》三十卷、《文殊指南圖贊》一卷、《大藏經綱目指要録》八卷。

宋崇寧四年（一一〇五），惟白進「所印《大藏經綱目指要録》捌册，乞付印經院，隨《大藏經》流行，使佛法慧命傳布無窮，祝延聖壽」。十月二十九日，上敕中書省、尚書省「十月二十八日奉聖旨許入《大藏》，其惟白賜空名度牒貳道」。〔三〕惟白也叙述了該録編纂詳情：「崇寧二年癸未（一一〇三）春，得上旨遊天台。中秋後，至婺州金華山智者禪寺閲大藏。仲冬一日丁丑，援筆撮其要義。次年甲申仲春三日丁未畢之，計二十餘萬字。」惟白認爲，編纂指要録有「五利」：一是「宗師提唱者，得隨宜開覺故」，二是「法師講演者，資闡明訓徒故」，三是「樂於注撰者，助檢閲引文故」，四是「有緣看藏者，易曉品義故」，五是「無因被教者，知藏要義故」。

《指要録》編印進上之後，所隨藏經及所入藏經確指哪部，現已不得而知，有待進一步考索。現存《指要録》有宋刻本、日本《大正藏》收録萬治二年（清順治十六年，一六五九）刊宗教大學

〔二〕陳師道：《後山叢談》，李偉國點校，中華書局，二〇〇七年，第八一頁。

〔三〕《中華再造善本·大藏經綱目指要録》卷首，中國國家圖書館藏，國家圖書館出版社，二〇〇三年。

藏本（後文簡稱大正本），《中華大藏經》第五十六册收入，當爲宋刻本縮印。〔一〕

二、《大藏經綱目指要録》義例

《指要録》凡八卷，大正本析二、四、五、六、七卷爲上、下卷。據考證，《指要録》爲惟白依據《開寶藏》編纂而成，〔二〕「通前計大小經律論，總五千四十餘卷，四百八十帙。以《開元釋教録》爲準，則今撮略品目所集也。其餘隨藏添賜經傳三十帙，未入藏經二十七帙」。宋刻本《指要録》按照千字文，從「天」字到「英」字，每字一函，計四百八十函。大正本《指要録》保留了千字文函號，同時給每部經論編以序號，計一〇五〇部；每卷另外編輯了分卷目録。

從内容編排上看，《指要録》卷一至卷五爲大乘三藏，卷六至卷七爲小乘三藏，卷八爲聖賢傳記并附録《禪教五派宗源述》和《大藏經綱目指要録五利五報述》。

從解題方式上看，《指要録》一般是首先在經前總叙一經大略，其次依照經之品目次第叙述

〔一〕中華大藏經編輯局編：《中華大藏經》第五十六册，中華書局，一九九三年。

〔二〕方廣錩：《關於開寶藏刊刻的幾個問題——寫在開寶遺珍出版之際》，《法音》二〇一一年第一期，第一〇—二〇頁。童瑋認爲該《目録》疑即係《崇寧藏》目録，也可能係《毗盧藏》目録，待考。見童瑋編：《二十二種大藏經通檢》，中華書局，一九九七年，第二〇九頁。

經文主要内容，最後進行小結。如在對六百卷《大般若經》「逐會標辨品目，逐函分列卷次，逐卷録略義例」後，「撮略綱目，欲廣見聞，以龍樹尊者所造《大智度論》，摘其義意，注于科略，俾看《般若》者，批閱其大旨，即成智智也」。對於從大部（根本）經典中派生出來的經典或同本異譯的經典，惟白則點明即可。對於内容較爲單薄的經論，惟白提要較爲簡單，略述其主旨而已。

三、整理凡例

（一）本標點本以中國國家圖書館藏宋刻本《大藏經綱目指要録》爲底本，并參考日本《大正大藏經》、《中華大藏經》所收版本。

（二）標點格式上，按照雲門宗叢書編纂通例的要求進行標點。

（三）本標點本按照底本的順序編排，將大正本每卷所列目録整合成書前總目録。

（四）經録正文前附上「崇寧四年敕書」和惟白《大藏經綱目指要録述》。

崇寧四年敕書

大藏經綱目指要録

尚書禮部

准崇寧四年十月二十九日

敕中書省、尚書省送到法雲禪寺住持傳法佛國禪師惟白狀，昨往泗州塔下天台諸處名山禪誦，因閲《大藏經》，撮成《綱目指要録》，則伍仟餘卷。經律論卷卷標指，一萬餘品目，品品解義，以廣神宗皇帝聖語。云諸佛所説妙法之旨，貴流通天下，助揚今上皇帝，紹述金輪聖化。惟白今將所印《大藏經綱目指要録》捌册，乞付印經院，隨《大藏經》流行，使佛法慧命傳布無窮，祝延聖壽，此外并無干求。乞特賜敷奏申聞事，仍連元狀并捌册，十月二十八日奉聖旨許入《大藏》。其惟白賜空名度牒貳道，奉敕如右。牒到奉行。前批内度牒，降敕下禮部，十一月一日午時，付禮部施行，仍關合屬去處。

右告示法雲禪寺主持傳法佛國禪師惟白仰詳上項，敕命指揮知委崇寧四年十一月日

祠部員外郎葉
祠部員外郎張
侍郎劉
尚書

大藏經綱目指要録述

恭聞神宗皇帝熙寧元豐之政，新天下法度，利天下生民，幾至措刑無爲而治，天下於是留神釋宗。嘗詔諭大丞相王公安石曰：「諸佛所説，妙法也；祖師所傳，妙道也。」王公安石奏奉明詔，誠如聖言。以斯觀之，則佛、天子、菩薩、宰相，出現世間而不疑也。竊惟國王大臣如此者，故每念如來之格訓，默思有以報也。頃遇今上皇帝嗣興大業，躬集禪門《續燈録》，上進以明祖師所傳妙道也。今復集《大藏經綱目指要録》者，以顯諸佛所説妙法也。庶彰神宗皇帝睿旨之張本，助吾皇紹述美化，以延國祚矣。

崇寧四年乙酉歲上元日佛國禪師　惟白　謹述

目録

大藏經綱目指要録卷第四

經（三〇三）　無字法門經（三〇四）　老女人經（三〇四）　老母經（三〇四）
六英經（三〇四）　長者子制經（三〇五）　月光童子經（三〇五）　申日
經（三〇五）　德護長者經（三〇五）　大乘伽耶山頂經（三〇六）　文殊問菩提心
經（三〇六）　伽耶山頂經（三〇六）　象頭精舍經（三〇六）　菩薩逝
經（三〇七）　逝童子經（三〇七）　乳光佛經（三〇七）　犢子經（三〇七）　轉
女身經（三〇八）　無垢賢女經（三〇八）　腹中聽經（三〇八）　無上依
經（三〇九）　甚希有經（三〇九）　未曾有經（三〇九）　決定總持經（三一〇）
謗佛經（三一〇）　寶三昧經（三一〇）　入法界體性經（三一〇）　如來師子吼
經（三一一）　大方廣師子吼經（三一一）　大乘百福相經（三一一）　大乘莊嚴相
經（三一一）　大乘四法經（三一二）　修行四法經（三一二）　銀色女
經（三一二）　前世三轉經（三一二）　採花上佛授決妙華經（三一三）　阿闍世王
受決經（三一三）　稱讚大乘功德經（三一三）　説妙法決定業障經（三一三）　正
恭敬經（三一四）　善恭敬經（三一四）　校量功德經（三一四）　最無比
經（三一四）　如來示教勝軍王經（三一五）　佛爲勝光天子説王法經（三一五）
諫王經（三一五）　修多羅王經（三一六）　轉有經（三一六）　文殊遊行
經（三一六）　尸利行經（三一六）　貝多樹下思惟十二因緣經（三一七）　緣起聖

微密持經（三三三） 阿離陀經（三三四） 破魔陀羅尼（三三四） 訶離陀鄰經（三三四） 舍利弗陀羅尼（三三四） 無邊門經（三三四） 妙臂印經（三三五） 勝幢印經（三三五） 雜咒（三三五） 尊勝菩薩經（三三六） 無涯際經（三三六） 金剛上味經（三三六） 金剛場陀羅尼（三三六） 師子奮迅經（三三七） 華聚經（三三七） 華積經（三三七） 六字咒王經（三三七） 六字神咒（三三八） 虚空藏問佛經（三三八） 如來方便經（三三八） 持句神咒（三三八） 陀鄰尼鉢經（三三九） 燈王如來經（三三九） 善法方便經（三三九） 金剛秘密經（三三九） 護命法門經（三四〇） 無垢浄光經（三四〇） 請觀世音經（三四〇） 百寶經（三四一） 温室浴衆僧經（三四一） 須賴經（三四一） 菩薩生地經（三四二） 私訶昧經（三四二） 四不可經（三四二） 菩薩修行經（三四二） 成具光明經（三四三） 寶網經（三四三） 菩薩行五十縁身經（三四三） 梵志女經（三四三） 如來藏經（三四四） 福田經（三四四） 佛語經（三四四） 金色王經（三四四） 演道俗業經（三四五） 百佛名經（三四五） 稱揚諸佛功德經（三四五） 須真天子經（三四六） 摩訶摩耶經（三四七） 觀音授決經（三四七） 學經（三四八） 除灾患經（三四八） 首楞嚴三昧經（三四八） 海龍王經（三四九） 藥王藥上

大佛頂如來密因修證了義諸菩薩萬行首楞嚴經（四〇一） 毗盧遮那成佛經（四〇四） 童子請問經（四〇四） 金剛頂念誦經（四〇五） 蘇悉地羯磨法（四〇六） 牟梨曼陀羅咒經（四〇六） 七佛神咒經（四〇六） 大吉祥神咒經（四〇七） 文殊法寶藏陀羅尼經（四〇七） 止風雨陀羅尼（四〇八） 七寶咒（四〇八） 鼓聲音王咒（四〇八） 八名普密咒（四〇八） 六字咒（四〇九） 拔苦咒（四〇九） 護童子咒（四〇九） 六門咒（四〇九） 觀音普賢咒（四〇九） 阿吒大將上佛咒（四一〇） 諸佛心咒（四一〇） 大普賢咒（四一〇） 玄師咒（四一〇） 持世咒（四一〇） 摩尼羅亶經（四一一） 安宅咒（四一一） 千佛因緣經（四一一） 魔逆經（四一二） 本起經（四一二） 金剛頂經（四一二） 菩提心經（四一二） 莊嚴王經（四一三） 隨求得大自在咒（四一三） 智炬咒（四一三） 佛集會咒（四一三） 賢首經（四一三） 佛地經（四一四） 教誡經（四一四） 百千佛咒（四一四） 莊嚴王咒（四一四） 香王咒（四一五） 滅十方冥咒（四一五） 佛印三昧經（四一五） 文殊涅槃經（四一五） 如意輪咒（四一五） 除罪障咒（四一六） 最勝心咒（四一六） 善夜經（四一六） 心明經（四一六） 鹿母經（四一六） 月明菩薩經（四一七） 面燃經（四一七） 最上王經（四一七） 商主天子經（四一七） 德光太子

經（四三四）　寂調音經（四三五）　清浄毗尼經（四三五）　内戒經（四三五）
十善業道經（四三五）　五法懺悔文（四三六）　法律三昧經（四三六）　優婆塞五
戒經（四三六）　大乘三聚懺悔經（四三六）　菩薩藏經（四三七）　文殊悔過
經（四三七）　跋陀羅經（四三七）　舍利弗悔過經（四三七）　菩薩受齋
經（四三八）　大智度論（四三八）　十地論（四四九）　彌勒所問經（四五〇）
寶積經論（四五一）　寶髻四法經論（四五一）　佛地經論（四五一）　金剛般若
論（四五二）　金剛經頌（四五二）　金剛般若論（四五二）　能斷金剛
論（四五三）　不壞假名論（四五三）　法華論（四五三）　文殊問菩提
論（四五三）　法華論（四五四）　勝思惟梵天經論（四五四）　轉法輪經
論（四五四）　無量壽經論（四五五）　三具足經論（四五五）　遺教經
論（四五五）　涅槃論（四五六）　本有今無論（四五六）　瑜伽師地論（四五六）
顯揚聖教論（四六七）　阿毗曇集論（四七〇）　顯揚聖教頌（四七一）　正法正理
論（四七一）　瑜伽論（四七一）　雜集論（四七二）　中論（四七三）　般若燈
論（四七六）　百論（四七八）　廣百論本（四七九）　十八空論（四八〇）　十二
門論（四八〇）　廣百論釋（四八一）　十住毗婆沙論（四八二）　菩提資糧
論（四八五）　大乘莊嚴論（四八六）　大乘莊嚴論（四八八）　順中論（四八九）

大藏經綱目指要録卷第六……（五一七）

水沫所漂經（五七一） 五陰譬喻經（五七一） 不自守意經（五七一） 滿願子經（五七二） 轉法輪經（五七二） 三轉法輪經（五七二） 八正道經（五七二） 難提釋經（五七二） 譬人經（五七三） 想應相可經（五七三） 七處三觀經（五七三） 國王先尼十夢經（五七三） 舍衛國王夢十事經（五七三） 治禪病秘要經（五七四） 馬有三相經（五七五） 馬有八態經（五七五） 摩登伽經（五七五） 摩鄧女經（五七六） 摩鄧女解形中六事經（五七六） 舍頭諫經（五七六） 鬼問目連經（五七七） 雜藏經（五七七） 惡鬼報應經（五七七） 慢法經（五七七） 阿難分別經（五七八） 事佛吉凶經（五七八） 五母子經（五七八） 沙彌羅經（五七九） 玉耶經（五七九） 玉耶女經（五七九） 阿遬達經（五七九） 修行本起經（五八〇） 太子瑞應本起經（五八〇） 因果經（五八〇） 海八德經（五八一） 法海經（五八一） 四十二章經（五八一） 奈女經（五八一） 罪業地獄經（五八二） 龍王兄弟經（五八二） 長者音悦經（五八二） 禪秘要經（五八三） 八師經（五八三） 琉璃王經（五八四） 貧老翁經（五八四） 三摩竭經（五八四） 瓶沙王五願經（五八四） 五苦章句經（五八五） 净飯王經（五八五） 越難經（五八五） 所欲致患經（五八五） 阿闍世王五逆經（五八六） 進學經（五八六） 錫杖經（五八六） 佛説堅意

羅雲忍辱經（六一七）　辯意長者經（六一七）　自愛經（六一七）　大迦葉本經（六一八）　四自侵經（六一八）　大魚事經（六一八）　僧護因緣經（六一九）　鬼子母經（六一九）　無常經（六一九）　八無暇有暇經（六二〇）　新歲經（六二〇）　九横經（六二〇）　譬喻經（六二〇）　禪行三十七品經（六二一）　比丘避女惡名欲自殺經（六二一）　比丘聽施經（六二一）　父母恩難報經（六二二）　頞多和多耆經（六二二）　梵摩難國王經（六二二）　群牛喻經（六二二）　無上處經（六二三）　身觀經（六二三）　孫陀耶致經（六二三）　普達王經（六二三）　滅度葬送經（六二四）　出家功德經（六二四）　五福德經（六二四）　天請問經（六二四）　護浄經（六二五）　略教誡經（六二五）　盧至長者經（六二五）　五國王經（六二五）　木槵子經（六二六）　療痔病經（六二六）　檀樹經（六二六）　長爪梵志經（六二六）　摩訶僧祇律（六二七）　十誦律（六三二）　一切有部毗奈耶（六三八）　苾芻尼毗奈耶（六四四）　根本雜事（六四六）　一切有部尼陀那（六五〇）　目得迦（六五〇）　五分律（六五一）　四分律（六五四）　彌沙塞五分戒本（六六〇）　根本説一切有部戒經（六六〇）　十誦比丘波羅提木叉戒本（六六一）　摩訶僧祇律大比丘戒本（六六一）　摩訶僧祇比丘尼戒本（六六一）　根本説一切有部比丘尼戒經（六六二）　比丘尼波羅提木叉戒本（六六二）

大藏經綱目指要録卷第一

東京法雲禪寺住持傳法佛國禪師　惟白　集

天地玄黄，宇宙洪荒。日月盈昃，辰宿列張。寒來暑往，秋收冬藏。閏餘成歲，律吕調陽。雲騰致雨，露結爲霜。金生麗水，玉出昆岡。已上總四十八函。

《大般若經》，總部四處十六會所説，傳此方入藏者，七百一十卷。前六百卷，唐三藏玄奘法師，在玉華宫重譯。西明寺僧玄則，述十六序冠十六會，明其旨也。太宗皇帝御製《聖教序》，高宗皇帝作《聖記》。然此經諸佛之智母，菩薩之慧父，斷煩惱之寶刀，度愛河之舟楫，利生之極致，成道之正因。表其尊故，標衆經之首也。

大智體空廓，稱性遍周。般若靈智不測，妙慧明徹。波羅蜜多功行超進，到于彼岸。經詮表實照，貫攝常軌。

大般若經　自第一卷至四百七十八卷

天　十卷

大般若經

一、《緣起品》，如來鷲峰山中聖衆集時，在師子座入等持王三昧。又復不起于坐入師子遊戲等持三昧，於一一身一一毛孔一一支節，放大光明，照十方界，六種震動。東方最後世界寶性如來普光菩薩，南方無憂德如來離憂菩薩，西方寶焰如來行慧菩薩。

二、北方勝帝如來勝授菩薩，東北方勝德如來勇猛菩薩，東南方蓮華如來蓮華手菩薩，西南方日輪如來光明菩薩，西北方寶蓋如來寶勝菩薩，下方蓮華如來蓮華勝菩薩，上方喜德如來喜授菩薩，一一最後世界佛所一一上首菩薩，見斯光已，各問其由。一一佛各説緣起，各遣持花，來聽般若。

三、《學觀品》，舍利子問：「云何菩薩，於一切法，等覺一切相，學般若？」佛云：「以無住爲方便安住般若，乃至無舍、無犯、無護、無取、無勤，等學般若，安住般若。」

四、佛告舍利子：「菩薩摩訶薩修行般若已，能成辨如是功德。」爾時三千大千世界四大天王，各以四鉢奉上於佛，一切諸天悉皆歡喜。

五、《相應品》，舍利子問：「如何學般若，便得相應？」佛云：「與色空，與受、想、行、識空，與般若相應，乃至諸佛正等菩提空，與般若相應等。」

六、「復次舍利弗，菩薩摩訶薩修行般若，不著眼觸，非有不著眼觸，常不著非常等例。」

七、「復次舍利子，諸菩薩摩訶薩修行般若時，不爲布施故修行般若，不爲净戒、安忍、精進、静慮修行般若，不爲内空等修行般若。」

八、《轉生品》，舍利子問：「學般若人，何處没來此間生？此間没生於何處？」佛云：「或從佛國土來，或從知足天來，或人間來此處生。此處若没，却生佛國土及知足天上。」

九、「復次舍利子，有菩薩摩訶薩修行般若時，能引發六神通波羅蜜。何等爲六？一天眼，二天耳，三他心，四宿命，五如意，六漏盡等。」

十、《讚勝功德品》，佛十大弟子各從坐起，讚此般若，是大，是妙，是第一，是尊，是高，是最，是極，是上，是無上，是上上，是等，是無等，是等等，是無生，是無滅，是無染，是無净，是空等法相。

《舌相品》，爾時世尊現廣長舌相，遍覆三千大千世界。舌上放無量光明，照十方殑伽沙佛界。各各白佛，一一隨答。

地 十卷

大般若經

十一、《教誡教授品》，佛告善現：「汝以辯才，爲菩薩宣説般若相應之法，令於般若修學，究竟人天大衆，各各心疑。以佛神力，宣説法要。」善現白佛：「何名般若？何名菩薩？我不見一法名爲般若、菩薩，於此二名，亦不見有，云何令我説？」佛告善現：「菩薩、般若，但有名耳。乃至内外中間不可得，一切諸法亦復如是。若修行般若，不應觀色，若常若無常，若苦若樂，若我若無我，若净若不净，若空若不空，若有相若無相，若有願若無願，若寂静若不寂静，若遠離若不遠離，若有漏若無漏，若有爲若無爲，若生若滅，若善若非善，若有罪若無罪，若有煩惱若無煩惱，若世間若出世間，若雜染若不雜染，若屬生死若屬涅槃，若在内外中間，若可得若不可得。」

十二、因緣常無常等。

十三、四無畏常無常等。

十四、「復次善現，無明中有菩薩不？」「不也，世尊。」「即無明異無明有菩薩不？」「不也。」「菩薩中有無明不？菩薩離無明不？」

十五、「四諦中有無明不？」「不也，世尊。」「即無明異無明有不」等。

十六、「佛十力中有無明不?」「不也，世尊」等。

十七、「十地中有無明，及即異有離，乃至佛無上菩提等。」一切諸法例之。

十八、「眼界增語是菩薩摩訶薩不?乃至常增語、浄增語是菩薩摩訶薩不?」

十九、「地界增語是菩薩摩訶薩不」等例。

二十、「内空增語是菩薩摩訶薩不?内外乃至一切諸法增語」等例。

玄 十卷

大般若經

二十一、八解脱增語等例。

二十二、佛十力增語等爲例。

二十三、預流果增語等。

二十四、「復次善現，汝觀何義，言即眼處增語非菩薩摩訶薩?」善現答言「若眼處，若耳、鼻、舌、身、意處，尚畢竟不可得，性非有故。況有眼處增語，乃至耳、鼻、舌、身、意處增語?此增語既非有故，如何可言即眼處增語是菩薩摩訶薩」等。

二十五、眼界若有爲若無爲增語，非菩薩等例。

二十六、即眼觸增語非菩薩摩訶薩。
二十七、即地界若浄若不浄增語。
二十八、即無明增語等爲例。
二十九、即内空若有願若無願增語等。
三十、四念住若雜染若清浄增語，是菩薩摩訶薩。

黄 十卷

大般若經

三十一、八解脱若浄若不浄增語。
三十二、一切陀羅尼門此至總持，若有煩惱若無煩惱增語。
三十三、佛十力若有願若無願增語。
三十四、三十二大士相，若有煩惱若無煩惱增語。
三十五、預流果若浄若不浄增語。
三十六、「諸佛無上正等菩提，若有爲若無爲增語，是菩薩摩訶薩不？復次善現，汝先所言：『我不見有可名菩薩摩訶薩者。』如是如是，如汝所説，諸法不見諸法，諸法不見法界。法界不見諸法，法界不見法界。法界不見色界，色界不見色界、法界。法界不見受、想、行、識界。受、想、行、識界不見法界，乃至法界不見諸佛無上正等菩提等。」界義例。

《勸學品》，善現白佛：「菩薩欲圓滿布施，當學般若，欲圓滿浄戒、安忍、精進、静處等。當學般若，欲遍知色界乃至眼處遍知正等菩提等，當學般若波羅蜜。」

《無住品》，善現白佛：「我於菩薩般若不得不見，云何令我教誡？我於色、受、想、行、識不得不見，若集若散，云何可言此是色等？是色等名，皆無所住，亦非不住。何以故？色等名義既無所有故，色等名皆無所住，亦非不住。」

三十七、五眼六通不得不見等義例法。

三十八、《般若行相品》，修行般若，應作是觀：何者是般若？何名般若？誰之般若？將何爲用？般若無所有不可得，布施乃至一切法無所有不可得等。

三十九、修行般若時，如實知色等自性，是修般若。色空故，色生成辦不可得，一一例之。善現白佛「無方便善巧修行般若時，若行色常無常等，非行般若」等義例之。

四十、有方便善巧修行般若時，不見眼界相，不見耳、鼻、舌、身、意界相，是修般若波羅蜜多。乃至不見諸佛正覺菩提，是修般若。

宇　十卷

大般若經

四十一、有方便善巧修般若時，不行布施，不行布施相，是行般若。

四十二、《譬喻品》，善現白佛：「若有問言，幻士能學般若，成辦一切智智。幻士能學静慮、精進、安忍、净戒、布施，成辦一切智智不？乃至幻士能修學十八不共法，成辦一切智智？我得此問，當云何答？」佛告善現：「我還問汝，隨汝意答。於意云何色與幻有異不？受、想、行、識與幻有異不？」答言：「不也。何以故？色不異幻，幻不異色，色即是幻，幻即是色，受、想、行、識亦復如是，八十科義一一如是。」問一一如是，答之。

四十三、修行般若時，應以一切智智心觀四念住，常無常等義例之。

四十四、善友若能以無所得爲方便，説修静慮，常無常相不可得等。

四十五、惡友若能以無所得爲方便，魔來乍現父母及苾蒭僧來爲言，於色説常無常相，於受、想、行、識説常無常相等。

四十六、《菩薩品》，善現菩薩白佛所言：「菩薩是何句義？」佛言：「無句義是菩薩句義，如空中鳥迹，如幻事，如夢境，如陽炎，如光影，如空花，如響，如尋香城，如真如，如法界，如法住等，句義無所有不可得。菩薩句義亦無所有，亦不可得，如布施無所有不可得。菩薩句義亦如是，無所有不可得等。」

四十七、《摩訶薩品》，善現白佛：「緣何菩薩名摩訶薩？」佛告善現：「於大有情中定爲上首，從初發心以至成佛，金剛喻心，决定不壞。修學一切佛法，皆無所得，爲方便安住布施、净戒等法。」

四十八、菩薩修行布施時，以一切智智心而修布施。以無所得爲方便，與一切有情回向菩提，於身命都無所悕，如是名爲菩薩擐布施大功德鎧。諸法如是例之。

四十九、舍利子問滿慈子：「云何名菩薩利樂有情，乘於大乘？」答云：「菩薩行般若時，以一切智智爲上首，用無所得爲方便乘布施，波羅蜜多不得布施。不得施者，不得受者，不得所施物，不得所遮法等。」

《大乘鎧品》，善現白佛：「云何名菩薩擐大乘鎧？」佛言：「擐布施、擐净戒、安忍、精進、静慮、般若鎧，是名大乘鎧。一一法如是，廣利有情，名大乘鎧。」

五十、善現白佛：「如我解佛所説義，菩薩不擐功德鎧，是名大乘鎧。何以故？色色相空，受、想、行、識，受、想、行、識相空。眼處眼處相空，耳、鼻、舌、身、意，耳、鼻、舌、身、意相空等。」

宙　十卷

大般若經

五十一、布施等無縛無脱，何以故？布施等性空故，無縛無脱。乃至性遠離性相空故，性寂靜故，性無願故，性無生故，性無滅故，性無染故，性無浄故，一一例之。

《辨大乘品》，善現白佛：「云何當知菩薩大乘相，發趣大乘，大乘從何出？至何處？於何處住？誰乘是大乘？」佛云：「大乘相者，布施波羅蜜多是，浄戒、安忍、精進、靜慮、般若等法，辨是大乘相等法。」

五十二、大乘相者，健行三摩地，乃至寶應師子遊戲妙月，法涌月幢相決定金剛喻。如是百千三摩地。善現一一問其名，佛一一爲答其義意。

五十三、善現白佛：「菩薩修行般若時，以無所得爲方便，於内外具身受心法觀，熾然精進，具念正知，調伏貪愛。」佛云：「修行般若時，以無所得爲方便，審觀自身，行時知行，住時知住，坐時知坐，卧時知卧。如如威儀，具念正知。調伏貪愛，是爲菩薩修行般若已。次一一觀身，俯仰屈伸，瞬息如十想等義，如前作觀，是名修行般若。」

五十四、「菩薩住難勝地，應遠離十法，如遠居家慳家尼女家，惱忿諍讚毁顛倒不善我慢猶豫貪嗔等法，一一地中，一一有遠離法，或十或六或十五或二十法，方能成就般若也。」

五十五、「云何當知菩薩已圓滿第十法雲地？」佛云：「菩薩與諸如來，應言無異，已知圓滿布施，乃至静慮等法，一一如是例之。」

五十六、「當知地界無所有不可得故，乘是大乘者，亦不可得。所以者何？畢竟净故，水火風等，一一如是例之。」

《讚大乘品》，善現白佛言：「大乘者，超勝一切世間阿素洛等，最尊最妙，同於虚空，普能含受，無量無邊，無來無去無住。前後中際，皆不可得。三世平等，故名大乘。」佛言：「如是如是。如汝所説，無量功德，當知即是布施，即是净戒，即是菩提等。」

五十七、「若真如實有性者，則此大乘非尊非妙，不超一切世間天人阿洛素等。以真如非實有性故，此大乘是尊是妙，超勝一切世間天人阿洛素等。以此爲例，例一切諸法義。」

五十八、「復次善現，我乃至見者無所有故，當知内空亦無所有。内空無所有故，當知外空亦無所有。諸法次第例之。」

五十九、「空解脱門，無來無去，亦復不住。無相無願，解脱門亦復如是。何以故？本性無來無去故。」已次諸法一一例之。

六十、「過去布施，過去布施空。現在布施，現在布施空。未來布施，未來布施空。何以故?空尚不可得,何况過去、現在、未來中,有布施波羅蜜多?净戒等諸法亦然。」

洪 十卷

大般若經

六十一、前後中際,三世平等。異生不可得,所以者何?平等中平等性尚不可得,何况有過、現、未異生可得?

《隨順品》,滿慈子白佛:「先令善現宣説般若,而今何故乃説大乘?」善現復白佛:「我説大乘,將無違越。何以故?一切善法,一切菩提分法皆攝入般若故。何謂善法?」云云。

《無所得品》,善現白佛:「前後中際,菩提不可得,摩訶薩不可得,色無邊故。當知菩薩亦無邊,受、想、行、識亦復如是。」

六十二、耳界無所有不可得故,前後中際菩薩亦不可得。如是例之。

六十三、陀羅尼門無所有不可得故,前後中際菩薩亦不可得。如前例之。

六十四、眼界、眼界性空,何以故?眼界性空中眼界無所有不可得故,菩薩摩訶薩亦無所有不可得故。

六十五、眼界性空故,眼界於眼界無所有不可得,眼界於色界五十一不可得。色界性空故,色界於色界無所有不可得。例之前後諸法。

六十六、異生地法性空故，異生地於異生地法無所有不可得，異生地於種姓地法無所有不可得。種姓地性空故，種姓地法無所有。

六十七、如空解脱門，唯容攝於十方三世，無所從來，無所至去，亦無所住。空解脱門中無名，名中無空解脱門。非合非離，但假施設。何以故？以空解脱門與名俱自性空故。自性空中，若解脱門、若名俱不可得無所有。例之。

六十八、布施非我，亦無散失。净戒等非我，無有散失等例之。

六十九、布施無染，亦無散失。净戒等無染，亦無散失等例之。

七十、五眼本性空故，若法本性空，則不可施設。若生若滅，若住若異，由此緣故，畢竟不生則不可名。五言六神通，本性空故，如前例之。修行般若時，亦不見色異，畢竟不生。何以故？色與畢竟無二、無二分，無别無斷故。

荒 十卷

大般若經

七十一、《觀行品》，善現白佛：「修行般若，觀諸法時，於色不受不取、不執不著，亦不施設。爲色等修行般若，不見色。何以故？色性空故，不生不滅故。諸法例之。布施不生，則非布施。所以者何？布施與不生無二、無二分故。何以故？不生法非一非二，非多非異。是故布施不生則非布施。」乃至無上菩提，一一例之。

七十二、善現白佛：「云何觀諸法？」佛云：「菩薩修行般若時，觀色非常非無常，受、想、行、識如是例之。」

七十三、舍利問善現：「何緣故説色等不生則非色等？」答云：「色、色性空，此性空中，無生無色，由此緣故，我作是説，色不生則非色。」

七十四、舍利子問善現：「何緣故説色等入不而無妄法數耶？」答云：「色不異無生無滅，無生無滅不異色。色即是無生無滅，無生無滅即是色。由此緣故，我作是説，色入不二無妄法數。」

《無生品》，善現白佛：「修行般若，觀諸法時，見我無生，畢竟浄故，如是例之。」舍利子問善現：「仁者以生法證生法，以無生法證無生法耶？」「不也。」「以生法證無生法，無生法證生法耶？」「不也。」「然則都無有得，有現觀耶？」答云：「但假施設耳。」

七十五、布施是已生法，我不欲令生，何已故？自性空故，色性空故。不依内，不依外，不依中間，不可得。

《浄道品》，善現白佛：「菩薩修行六度，應浄色，應浄受、想、行、識，應浄眼界等。」

七十六、菩薩聞説般若，心無疑惑，亦不迷悶。何以故？色非有故。當知作意亦非有，一切善法悉亦如是例之。

七十七、《天帝品》，諸天大集，帝釋問善現菩薩：「云何學般若？云何住？」答云：「先發菩提心，離聲聞地，以一切智，心無所用，無所得爲方便。思維色無常，思維色若空，無相無願，寂静遠離，如病如癰，如箭如瘡，如熱惱敗壞，衰朽變動，速滅可猒，有灾有横，有疫有癘，不安穩，不可保信，無生無滅，無染無浄，無作無爲等例。」

七十八、思惟地界無常等例。

七十九、憍尸伽，學般若時，不應住此是色。何以故？以有所得爲方便故例。

八十、修行般若時，不應住無忘失法。若無常諸法，次第例之。

日 十卷

大般若經

八十一、一切諸法既不應住，如何何住般若？答云：「諸佛之心，若何所住？如來之心，都無所住。所以者何？如來之心不住，色不可得故，乃至布施及不住一切智智。雖住般若而於色非住非不住。何以故？以無二相故。」

《諸天子品》，爾時諸天子作是念：「諸藥叉等，言詞咒句，尚可而知。尊者所説，竟不能解？」善現答云：「我於此不説一字，汝等不聞當何所解。何以故？甚深般若，説者聽者解者，如夢如幻。諸天子曰其意趣甚深，轉甚深微細。甚微細，難可測度。善現告曰當知色非甚深非微細。何以故？色甚微細，性不可得故。」

八十二、當知布施，如幻如化，如夢中見。如是例諸法。

《受教品》，諸大弟子聲聞菩薩，同時發問：「善現所説，般若如是甚深，難見難覺，非所尋思，微妙第一。」答云：「菩薩住不退地，能深信受。何以故？如是等人，終不以分別色，亦不以色分別。空與不空等例。」

八十三、終不亦空分別布施，亦不以布施分別空不空等例。

八十四、終不以空分別極喜地，亦不以極喜地分別空與不空等一切法。

《散花品》，帝釋與諸天子聞其法雨，各化微妙香花，奉散如來菩薩等衆。三千世界，花悉充滿。佛神力故，結成花臺。善現念言：「今此花殊妙，定非草木水陸所生，必是諸天從心化出。」天帝云：「實非草木所生，亦非從心化出。」善現云：「是花不生，即非花也。」帝釋云：「是花不生，爲餘法爾。」善現云：「非但是花不生，餘法亦爾。何謂也？色亦不生。此既不生，則非色，受、想、行、識亦不生。此既不生，等例。」

八十五、《學般若品》，帝釋心念：「尊者智慧甚深，不壞假名而説法性。」佛即印之：「如汝所念。」帝釋即白佛：「善現於何等法，不壞假名而説法性。」佛云：「色但假名，不離法性。善現不壞如是假名而説色法性。所以者何？色法性等無壞無不壞，是故所説亦無壞無不壞等法例。」

八十六、苦聖諦、苦聖諦性空故，菩薩摩訶薩不見苦聖諦。例一切法等。

八十七、菩薩能於布施波羅蜜多學無二分故，能於安忍、浄戒等學無二分故。是故菩薩能學無量無數不思議清浄佛法。何以故？無二分故等。

八十八、菩薩如是學時，不爲色攝受壞滅故學，不爲受、想、行、識壞滅故學。佛言如是如是，諸法一次爲例。

八十九、行般若時，不見鼻界，若生如滅，若取若捨，若染若浄，若集若散，若增若減。何以故？以鼻界性故，無所有不可得故。如是學般若，能成辦一切智智，以無所學無所成辦故。

《求般若品》，天帝問舍利子：「菩薩般若當何求？」答云：「當於善現所説中求。」帝釋謂善現云：「今舍利子所説，是誰神力，誰爲依處？」答云：「如來神力，如來爲依處。」帝釋云：「一切法無依處，如何可言？」善現告云：「如是如是，一切法無依處，如來亦無依處。但隨順説爲依處，非離色如來可得，非如來中色可得，真如如來、法性如來可得。諸法如是例。」

九十、非離耳界如來可得，真如如來可得，法性如來可得，真如如來真如可得，法性如來法性可得。鼻界等一切諸法，細而思之，例之以見義意。

月 十卷

大般若經

九十一、非離八解脱如來可得真如如來，可得法性如來，可得真如如來，真如可得等例。

九十二、如來於色非相應非不相應，如來於色真如，真如於色，真如法性於色法性等，如來離於色，非相應非不相應等，如前例。

九十三、如來於四静慮非相應非不相應，如來於四静慮真如非相應非不相應，如來於四静慮法性非相應非不相應。等義例之。

九十四、善現白天帝云：「汝先所問般若當於何求，不應於色求，不應於受、想、行、識等求，不應離受、想、行、識等求。所有者何？若色若受、想、行、識等，若離色，若離受、想、行、識等，若菩薩般若求，如是一切皆非相應非不相應。非有色非無色，非有對非無對，咸同一相，所謂無相。何以故？所行般若，不應於色求，不應於受、想、行、識等，非離色非離受、想、行、識等。所以者何？一切皆無所有，性不可得故。是故所行般若，不應於色求，不應於受、想、行、識求，不離色求，不離受、想等求。」

九十五、不應於一切陀羅尼門求，不應離一切陀羅尼門求。

九十六、不應於布施求，不應離布施真如求。一切法皆有真如爲例。

九十七、不應於鼻界法性求，不應離鼻界法性求等例。

九十八、《歎衆德品》，天帝白善現：「菩薩行般若，是大，是無量，是無邊。四果聲聞菩薩等衆，於其中學成正等正覺。」答云：「如是如是，皆於中學證得菩提。色大故，所學般若亦大。何以故？以色蘊前後中際皆不可得，故説爲大。由彼大故，菩薩所學般若亦大等。」

九十九、預流無量故，菩薩所學般若亦無量。何以故？預流等量不可得故。故説無量，譬喻如虛空量不可得。預流等量亦復如是。是故菩薩般若亦無量。次至無邊，一一例亦如是。《攝受品》，帝釋諸天，各各高聲唱言：「善哉善哉，尊者善現，爲我等開示微妙正法。所謂般若，我等我等於彼敬事如佛。如是般若甚深，無法可得。所謂此中無色可得，無受、想、行、識可得等。非即色，非離色可得等。一切法例之。」

一百、如來照知四衆諸天，皆集和合同爲證明，謂帝釋云：「四衆諸天，若男女等，不離一切智心，以無所得，於此般若精勤受持讀誦，如理思維演説，流布一切，諸魔不能爲害。何以故？善住色空，無相無願。善住受、想、行、識，無相無願。不可以空而得空，便不可無相得無相，便不可無願得無願。何以故？以色蘊等自性皆空，能惱所惱及惱害事不可得故。」帝釋諸天皆悉讚歎：「一切佛法般若智慧，出現世間，我等思維受之。」

盈 十卷

大般若經

百一、天帝白佛：「般若甚爲希有，若有攝受般若，則爲攝受布施、安忍、净戒、精進、静慮等，則爲攝受内空外空等一切法。」

百二、佛言：「憍尸迦是菩薩自修無忘失法，教他修無忘失法，讚説無忘失法。歡喜讚歎修無忘失法者，自修恒住捨性，教他修恒住捨性。」

百三、《較量功德品》，天帝白佛：「若人書寫供養般若，復有供養佛舍利寶塔，於此二福，何者爲勝？」佛言：「天帝，如來得一切智智及身相好，於何等法修習而得？」天帝答言：「於般若波羅蜜多修習而得。」佛言：「如是如是，我依般若修習而得。」

百四、佛言：「天帝，如來昔爲菩薩位時，常勤修習般若，及布施、净戒、安忍、精進、静慮。如來昔爲菩薩位時，常勤修習内空等法。」

百五、爾時於此三千大千世界，所有四大天王，三十三天，一切諸天子，共白天帝言：「大仙應受如是般若，應持應讀應誦如是般若，應勤精進修學，應如理思惟，應恭敬如是般若等。」

百六、諸天子各以天花衣服瓔珞香鬘等，涌身虛空而散佛上，各各白言：「願此般若，久住南贍部洲，利益衆生。何以故？般若甚深微妙故等。」

百七、世尊以無二爲方便，回向一切智智，修習佛十力、四無所畏、四無碍解、四無量心、十八不共法。何以故？以無生無二爲方便故。

百八、當知以眼界無二爲方便，無生爲方便，無所得爲方便，回向一切智智，修習八解脱、八勝處、九次第、十遍處等法義。

百九、當知以無明無二爲方便，無生爲方便，無所得爲方便，回向一切智智，修習布施、净戒、安忍、精進、静慮等法。

百十、當知以布施波羅蜜多無二爲方便，無生爲方便，無所得爲方便，回向一切智智，修習八解脱、八勝處、九次第、十遍處等。

昃 十卷

大般若經

百十一、慶喜當知，以佛十力無二無生無所得爲方便，回向一切智智，修習布施等。

百十二、當知以獨覺菩提無二無生無所得爲方便，回向一切智智，修習布施等。

百十三、「世尊，云何以眼處無二無生無所得爲方便，回向一切智智，修習四静慮、四無量、四無色定？」佛告慶喜：「眼處、眼處性空，何以故？以眼處性空，與四静慮等無二無分別故。」云何以眼處、耳處等，一一答之。

百十四、云何以身界無二無生無所得爲方便？安住内空等，以身界性空與内空等，無二無二分故，思而例之。

百十五、云何以眼界無二無生無所得等，修習四念處等法義例。

百十六、云何以舌界無二無生等，修習無忘失法等例。

百十七、云何以地界無二無生等安住真如法界性等。

百十八、云何以内空無二無生等安住真如法界法性等。

百十九、云何以真如無二無生等，修習佛十力、四無所畏等法。

百二十、云何以布施、浄戒、安忍、精進、静慮無二無生等，修習佛十力、四無所畏、四無碍解、十八不共法等。

辰 十卷

大般若經

百二十一、云何以八解脱無二無生等，回向一切智智，修習無忘失法。

百二十二、云何以空解脱門無二無生等，修習無妄失法。

百二十三、云何以佛十力無二無生等，修習一切智道相智等法。

百二十四、云何以一切陀羅尼門無二無生等，修習布施等。

百二十五、云何以獨覺菩提無二無生等，修習布施、净戒、安忍等法例之。

百二十六、慶喜當知，譬如大地，以種散中，衆緣和合，則得生長。應知大地與種生長爲所依止，爲能建立如是般若與所回向。一切智智及布施等爲所依止，爲能建立，令得生長故。此般若於此布施等法爲尊爲導故，我但廣稱讚般若，例之。

百二十七、帝釋白佛：「若有受持此甚深般若，我等諸天，敬心擁護。」佛云：「如是如是。若有供養般若，身心無倦，身樂心樂，身輕心輕，身調柔心調柔，身安隱心安隱。繫心般若，於寢息中見佛，爲説布施等法，分別布施等法義。舍利子爲天帝言如是般若，既不可取，無色無見無對一相，所謂無相，汝云何取？所以者何？如是般若，無取無捨，無增無減，無聚無散，無益無損，無染無浄。如是般若，不與諸佛法，不捨異生法。不與菩薩法，不捨異生法。一一如是例之。」帝釋讚云：「如是如是，如是般若，實不可取。又復依前答之。何以故？甚深般若，不隨二相，無二相故。」佛讚：「善哉！如汝所説，不隨二行。何以故？甚深般若，無二相故。例之。」

百二十八、供養佛設利羅，不如寫此般若少分。何以故？佛設利羅由此般若薰修生故，由此般若布施等圓浄故，由此般若内空等法得圓浄故。

百二十九、法性有二：一者有爲，二者無爲。云何有爲法性？謂如實知我者，有情智命者智，八十科皆云智也。云何無爲法性？謂如實知我性空無，有情性空無，八十科一一性空無。佛告天帝：「我於此般若成等正覺。過現未十方三世如來，亦由此般若成等正覺，乃至一切聖賢皆由般若。」

百三十、男子女人敬此般若，當如敬佛。何以故？般若即是如來，如來即是般若。般若不異如來，如來不異般若。佛爲天帝較量功德，南瞻部洲皆修十善業道，不如寫此般若波羅蜜多流布。

宿　十卷

大般若經

百三十一、置南瞻部洲、東勝身、西牛貨、北俱盧，教四大洲諸有情類，皆修十善業道。是人因緣，得福多不？答言：「甚多」佛言：「若人寫此如是甚深般若，受持流布，所獲福聚，甚多於前。何以故？如是般若秘密藏中，廣説一切無漏之法。聲聞種姓，補特伽羅，修學此法，速入聲聞正性，離生得入預流等果，速入獨覺菩提菩薩正性，漸次修行，證無上道。如是般若秘密藏中，廣説無漏法者，所謂布施波羅蜜多等，八十科義。憍尸迦教一有情類，住預流果。所獲福聚，勝彼四大洲有情類修十善業道。何以故？十善業道，不免地獄，傍生鬼趣。預流果永脱三惡趣苦，何况教令住一來不還阿羅漢果？若人教四大洲有情類皆住四果，不如教一有情住獨覺菩提。何以故？所有功德勝四果百千萬倍。若有教四大洲有情皆住獨覺菩提，不如教一有情令趣無上菩提，則令世間佛眼不斷。所以者何？由有菩薩，便有預流等果，便有如來應正等覺，便有佛法僧三寶。世間歸依種種供養，菩薩若有書寫流布般若，所得福聚勝彼無量無邊。何以故？如是般若秘密藏中，廣説世出世間勝善法故。由此般若所説世間，便有帝釋諸天，便有刹帝利人族婆羅門等，便有布施、净戒等法義。一一法例之。」前起南瞻部洲，以至四大洲，乃至小千、中千、大千世界，十方各殑伽沙世界，一切世界，一一置而例至于後卷中。

百三十二、若人教三千大千世界有情類，皆住預流等果，所獲福聚，不如有人教一有情，令其安住獨覺菩提所得功德。

百三十三、若有教四大洲有情類，皆令修學四靜慮、四無量、四無色定，所得福聚，不如書寫如是甚深般若流布等福。

百三十四、若人教小千世界有情類，皆修四靜慮等，不如寫如是甚深般若所得福聚。

百三十五、若人教十方各殑伽沙等世界諸有情類，皆住獨覺菩提，所獲福聚，不如教一有情令趣無上菩提，則令佛眼不斷。所以者何？如前諸法例之。

百三十六、天帝白佛：「云何名説相似般若及相似浄戒等？」佛言：「若人説有所得般若等，是名説相似般若等。」天帝復白佛言：「云何説有所得，名相似般若？」佛云：「若人爲發無上菩提心者，説色若常若無常，説受、想、行、識若常若無常。説色若苦若樂，説受、想、行、識若苦若樂等。」

百三十七、若人爲發無上菩提心者，説八解脱若常若無常等。

百三十八、若人爲發無上菩提心者，説舌界若常若無常等。

百三十九、若爲發無上菩提心者，説一切智若常若無常。

百四十、若人爲發無上菩提心者，説布施、浄戒、安忍、精進、靜慮、般若等若常若無常。

列　十卷

大般若經

百四十一、天帝白佛：「云何説有所得安忍，名説相似安忍？」佛言：「爲發無上菩提心者，説色若常若無常。」

百四十二、爲發心者，説八解脱若常若無常等。

百四十三、爲發心者，説身界若常若無常。

百四十四、説預流向預流果等若常若無常等。

百四十五、爲發心者，説真如若常若無常，等法義例之。

百四十六、天帝白佛：「云何名説真正般若？」佛云：「説無所得般若，是名宣説真正般若。」天帝復問：「云何説無所得般若，是名宣説真正般若？」佛云：「若人爲發無上菩提心……何以故？色色自性空，是色自性空，即非自性。若非自性，即是般若。於此般若，色不可得，彼常無常亦不可得。所以者何？此中尚無色可得，何況有彼常無常？若如是修，是修般若。乃至八十科例。」

百四十七、爲發菩提心者，應修般若，不應觀意界法界常無常。

百四十八、爲發心者，應修般若，不應觀八解脱若常若無常。
百四十九、爲發心者，應修般若，不應觀獨覺菩提若常若無常。
百五十、爲發菩提心者，修静慮波羅蜜多，作如是言：「汝修静慮波羅蜜多，不應觀舌界常無常。」

張 十卷

大般若經

百五十一、爲發心者，作如是言：「汝修静慮波羅蜜多，不應觀若聖諦常無常。」
百五十二、汝修静慮，不應觀一切陀羅尼門若常若無常。
百五十三、汝修精進，不應觀鼻界若常若無常。
百五十四、汝修精進，不應觀真如若常若無常。
百五十五、汝修精進，不應觀一切智若常若無常。
百五十六、汝修安忍，不應觀眼界若常若無常。
百五十七、汝修安忍，不應觀布施等若常若無常。
百五十八、汝修安忍，不應觀五眼若常若無常。

百五十九、汝修净戒，不應觀色若常若無常等例。

百六十、云何説真正净戒？爲發菩提心者，作如是言：「汝善男子應修净戒，不應觀地界若常若無常。」依次爲例。

寒 十卷

大般若經

百六十一、爲發菩提心者，説净戒時，汝修净戒，不應觀八解脱若常若無常。

百六十二、汝修净戒，不應觀一切菩提摩訶薩行若常若無常。

百六十三、汝修布施，不應觀身界若常若無常。

百六十四、汝修布施，不應觀四静慮若常若無常。

百六十五、如修布施，不應觀預流向預流果若常若無常。

百六十六、憍尸迦，置南瞻部洲諸有情類，若人教東勝身、西牛賀、北俱盧諸有情類，皆令住不還果。由此因緣，得福聚多不？「甚多，善逝。」佛云：「若人於此般若無量法門巧妙文義，爲他廣説，令其易解。復作是言：來，善男子，汝當於此甚深般若，至心受持讀誦，如理思維。隨此法門，應勤修學。所得功德，甚多於前。何以故？不還果等，依此般若所流出故。准此一例，關於諸法也。置四大洲、小千界、中千界、大千界、殑伽沙界、一切世界，次第較量。」

百六十七、若人教四大洲諸有情類，皆住菩薩不退轉地，所得福聚，不如於此般若無量法門巧妙文義，爲他人説。

百六十八、若人教四大洲諸有情類，皆趣無上菩提，所得功德，不如有人於此般若巧妙文義，爲他人説，福聚甚多於前。天帝白佛：「如是如是，如諸菩薩摩訶薩，速疾以無上正等菩提，教誡教授，諸菩薩乃至應以一切智智教誡教授。」

《隨喜回向品》，爾時彌勒白善現言：「若菩薩所有功德，同一切有情，共回向阿耨菩提，勝諸聲聞獨覺諸福業事。爲最爲勝，爲尊爲高，爲妙爲微妙，爲上爲無上，爲等爲無等。何以故？諸異生但爲己身，自静涅槃。菩薩同一切有情回向菩提故。」善現答云：「如是如是。」

百六十九、彌勒白善現：「菩薩緣如是事，起隨喜回向心，實無如是所緣事。如彼菩薩，而所取相？」答云：「若無所緣事，如所取相者，彼菩薩取相爲方便。所起回向，將非顛倒。如於無常謂常，於苦謂樂，於無我謂我，於不净謂净，是想顛倒、心顛倒、見顛倒。若所緣事，實無所有，隨喜回向心亦如是。諸善根等，色、受、想、行、識，乃至無上菩提，一一諸法亦如是。」如是此爲例。

百七十、復次大士菩薩，於所修作諸福業事，正知離色、受、想、行、識，正知離眼、耳、鼻、舌、身、意，正知離色、聲、香、味、觸、法等。一切善法例。

來 十卷

大般若經

百七十一、菩薩修身，般若如實知地界，不墮欲界、色界、無色界。若俱不墮三界，則非過現未。若非三世，不可有所得。有相爲方便，發生隨喜，回向菩提。何以故？以地界自性不生，則無所有，不可以無所有回向無所有故。諸法依此爲例。

百七十二、從初發心乃至成佛，所有施性、戒性、修性、三福業事現前，發起無例回向心，應作是念："如解脱，色亦如是。如解脱，受、想、行、識亦如是。如解脱，眼處如是。諸法例之。"

《讚般若品》，舍利子白佛："如是所説，豈非般若？"佛云："如是所説，即是般若。"舍利子復白佛云："如是般若，能作照明，畢竟凈故。如是般若，皆應禮敬，天人欽奉故。乃至無所染著，最爲上首，能作安隱。永斷煩惱，能施光明。能示中道，生一切智，出生菩薩及諸善法等。"佛云："禮敬思惟般若，即是禮敬思惟於佛。何以故？佛即般若，般若即佛。由此般若，出生聖賢。由此般若，出生内空外空等，出生四念處等一切善法例。"

百七十三、菩薩不爲引發八解脱故，應引發般若，何以故？八解脱無作無止，無生無滅，無成無壞，無得無捨，無自性故。菩薩引發八解脱故，引發般若。准此例之。

百七十四、菩薩修行般若，於眼界不作大、不作小，不作集、不作散，不作有量、不作無量，不作廣、不作狹，不作有力、不作無力。我緣此故，説般若名大波羅蜜多。諸法同此爲例。

百七十五、若新學菩薩依般若等作如是想，如是般若於内空，不作大、不作小等，如前例。

百七十六、於一切智道相智一切相智，不作大、不作小等例。

百七十七、於色不作大、不作小等例。

百七十八、於真如不作大、不作小，法界等例。

百七十九、於佛十力不作大、不作小等例。

百八十、布施無生，當知般若亦無生，無滅亦無滅，無自性亦無自性，無所有亦無所有。以此例之。

暑 十卷

大般若經

百八十一、預流向預流果無生無滅故，當知般若亦無生無滅，無自性無所有。等例之。

百八十二、《難信解品》，善現白佛：「若人不勤精進，未種善根，爲恶知識所攝受者，於佛所説甚深般若，實難信解。」佛言：「如是於此般若，實難信解。」善現復白佛：「如是般若，云何甚深，難信難解？」佛云：「非縛非解。何以故？色無所有性爲色自性故。」例於諸法。

百八十三、布施中際，非縛非解。何以故？布施中際無所有性爲布施中際自性故。既云中際，必有前際，故思而例之，以見般若，廣義無盡。

百八十四、復以善現，五眼清净故，即般若波羅蜜多清净。若般若清净，即五眼清净。何以故？是五眼清净與般若清净，無二無二分，無别無斷故。此一例爲准，一切諸法依此思之。

百八十五、我清净，即色處清净等例。

百八十六、我清净，即身界清净等例。

百八十七、我清净，即内空清净等。

百八十八、我清净，即四念住清净等例。

百八十九、我清净，即一切智清净等例。

百九十、我清净，即色清净如前例。

往 十卷

大般若經

百九十一、命者清净，即布施等清净。
百九十二、養育者清净，即五眼清净等。
百九十三、意生清净，即色清净等。
百九十四、作者清净，即身界清净等。
百九十五、知者清净，即五眼清净等。
百九十六、有情清净，即鼻界清净等。
百九十七、生者清净，即布施清净等。
百九十八、士夫清净，即布施清净等。
百九十九、意生清净，即五眼清净等。
二百、受者清净故，即色清净，若色等。

秋 十卷

大般若經

二百一、見者清净故，色清净。

二百二、瞋清净故，布施清净。

二百三、貪清净故，即五眼清净。

二百四、色清净故，即受清净。

二百五、般若波羅蜜多清净故，色清净。色清净故，一切智智清净。何以故？若般若波羅蜜多清净，若色清净，若一切智清净，無二無二分，無别無斷故。准此例前後諸法也。

二百六、精進清净故，色清净。

二百七、净戒清净故，色清净。

二百八、内空清净故，色清净。

二百九、内空清净故，舌界清净。

二百十、大空清净故，布施清净等。

收 十卷

大般若經

二百十一、有爲空清净故，四念住清净。有爲空清净故，四念住清净。

二百十二、無際空清净故，色清净。一一例之。

二百十三、無變異空清净故，布施清净。

二百十四、自相空清净故，内空清净。

二百十五、一切法清净故，苦聖諦清净。

二百十六、無性空清净故，布施清净。

二百十七、無性自性空清净故，布施波羅蜜多清净。

二百十八、法界清净故，真如清净。

二百十九、不虚忘性清净故，五眼清净。

二百二十、離生性清净故，色清净。

冬 十卷

大般若經

二百二十一、法住清净故，色清净。

二百二十二、虚空界清净故，色清净。

二百二十三、苦聖諦清净故，色清净。

二百二十四、滅聖諦清净故，色清净。

二百二十五、四静慮清净故，色清净。

二百二十六、四無色定清净故，布施清净。

二百二十七、八勝處清净故，布施清净。

二百二十八、十遍處清净故，四静慮清净。

二百二十九、四正斷清净故，空解脱門清净。

二百三十、五力清净故，色清净。

藏 十卷

大般若經

二百三十一、八聖道支清浄故，色清浄。
二百三十二、無相解脱門清浄故，色清浄。
二百三十三、菩薩十地清浄故，色清浄。
二百三十四、六神通清浄故，布施清浄。
二百三十五、四無所畏清浄故，真如清浄。
二百三十六、大慈清浄故，真如清浄。
二百三十七、大喜清浄故，五眼清浄。
二百三十八、十八佛不共法清浄故，預流果清浄。
二百三十九、一切智清浄故，色清浄。
二百四十、一切相智清浄故，身界清浄。

閏 十卷

大般若經

二百四十一、一切三摩地門清净故，耳界清净。

二百四十二、一來果清净故，耳界清净。

二百四十三、阿羅漢果清净故，鼻界清净。

二百四十四、一切菩薩摩訶薩行清净故，舌界清净。

二百四十五、一切智智清净故，意界清净。

二百四十六、一切智智清净故，身界清净。

二百四十七、一切智智清净故，色處清净。

二百四十八、一切智智清净故，色清净。

二百四十九、一切智智清净故，内外空清净。

二百五十、一切智智清净故，舌界清净。舌界清净故，大空清净。何以故？若一切智智清净，若舌界清净，若大空清净，無二無二分，無別無斷故。例之。

餘 十卷

大般若經

二百五十一、一切智智清净故，地界清净。
二百五十二、一切智智清净故，五眼清净。
二百五十三、一切智智清净故，色清净。
二百五十四、一切智智清净故，色處清净。
二百五十五、一切智智清净故，鼻界清净。
二百五十六、一切智智清净故，舌界清净。
二百五十七、一切智智清净故，鼻界清净。
二百五十八、一切智智清净故，法界清净。
二百五十九、一切智智清净故，地界清净。
二百六十、一切智智清净故，布施清净等。

成 十卷

大般若經

二百六十一、一切智智清净故，内空清净。

二百六十二、一切智智清净故，四静慮清净。

二百六十三、一切智智清净，不思議界清净。

二百六十四、一切智智清净故，五眼清净。

二百六十五、一切智智清净故，道聖諦清净。

二百六十六、一切智智清净故，四無量清净。

二百六十七、一切智智清净故，八勝處清净。

二百六十八、一切智智清净故，十遍處清净。

二百六十九、一切智智清净故，四正斷清净。等例。

二百七十、復次善現，一切智智故，身界清净，身界清净故，五眼清净。何以故？若一切智智清净，若身界清净，若五眼清净，無二無二分，無別無斷故。准此例諸法義。

歲 十卷

大般若經

二百七十一、一切智智清净故，七覺支清净。
二百七十二、一切智智清净故，空解脱門清净。
二百七十三、一切智智清净故，無願解脱門清净。
二百七十四、一切智智清净故，無明清净。
二百七十五、一切智智清净故，佛力清净。
二百七十六、一切智智清净故，四無礙解清净。
二百七十七、一切智智清净故，大悲清净。
二百七十八、一切智智清净故，佛十八不共法清净。
二百七十九、一切智智清净故，恒住捨性清净。
二百八十、一切智智清净故，一切陀羅尼門清净。

律 十卷

大般若經

二百八十一、一切智智清浄故，一切陀羅尼門清浄。

二百八十二、一切智智清浄故，鼻界清浄。

二百八十三、一切智智清浄故，不還果清浄。

二百八十四、一切智智清浄故，一切菩薩摩訶薩行清浄。

二百八十五、《讚清浄品》，舍利子白佛：「如是清浄，最爲甚深。」佛言：「如是，畢竟浄故。」舍利子復白佛：「云何法畢竟浄故，説是清浄最爲深妙？」佛言：「色畢竟浄故，説是深妙。受、想、行、識畢竟浄故，説是深妙。諸法如是例之。」

二百八十六、布施畢竟浄故，説是深妙，説是無生無顯。諸法依此爲例。

二百八十七、「世尊，我清浄故，五眼清浄。」佛言：「我無所有故，五眼無所有，是畢竟浄。」《著不著相品》，善現白佛：「若菩薩修學般若，無方便善巧，於此般若，著名著相，便生我慢。一切過失，若有方便善巧，能證得實相。」舍利子白善現：「菩薩行般若時，云何爲著及不著相？」答言：「無方便善巧行般若時，於色謂空，起空想著。於受、想、行、識謂空，起空想著以此爲例之。」

二百八十八、以有所得爲方便，從初發心，於布施起行想著，於安忍等法起行想著。

二百八十九、善現白佛：「菩薩云何行般若？」佛云：「菩薩行般若時，若不行色，是行般若。若不行受、想、行、識，是行般若。不行色常無常，若苦若樂，若我若浄等，是行般若。」依此例法。

二百九十、菩薩行般若時，不行一切智智，是行般若，乃至常無常苦樂等。

呂　十卷

大般若經

二百九十一、菩薩行般若時，若不行五眼，若不著想，是行般若。於色不起著不著想等義。善現白佛：「如是般若甚深法性，若説若不説，俱不增減。」佛言：「如是。應正等覺，盡其壽住，讚毀虚空，無增無減。般若法性，亦復如是。」善現復白佛：「菩薩修行般若，如修虚空，都無所有，如虚空中，無色可施設。所修般若亦復如是，無受等可施設。」天帝白善現：「菩薩當如何學般若？」答云：「般若當如虚空，我如何守護？」佛云：「不見有法守護，是爲守護。何以故？菩薩修行般若，知諸法如幻如夢，如響如像，如陽焰如光影，如變事如香城。」善現答云：「菩薩般若，不執是色，是受、想、行、識，不執由色由受、想、行、識，亦不執屬色屬受、想、行、識，亦不依色依受、想、行、識，是修般若。」

二百九十二、不執是八解脱，由屬依等法，一一如前例。

《説般若相品》，爾時佛神力故，三千世界諸天悉集，各以妙香遥散放佛。各見十方，各見千佛。宣説般若，品義皆同。苾芻上首，皆名善現。天衆上首，皆名帝釋。佛告善現：「彌勒證菩提時，當於此處宣説般若。以至賢劫中，佛亦於此宣説般若。」善現白佛：「彌勒證菩提時，當以何法諸性相狀宣説般若？」佛云：「彌勒證等覺時，當以色非常非無常、非苦非樂、非我非無我、非净非不净、非寂静非不寂静、非遠離非不遠離、非縛非解、非有非空、非過去非未來非現在，宣説如是般若，是名般若相狀。當以受、想、行、識等一切諸法例之。」

二百九十三、證布施畢竟净，法説布施畢竟净等例。善現白佛：「如是般若，云何清净？」佛云：「色清净，佛如清净等。」

二百九十四、八解脱無污染故，般若清净。云何無污染故謂八解脱？不可取故。無污染故，般若波羅蜜多清净例之。

二百九十五、佛言：「五眼不可説故，般若清净。」「云何五眼不可説？」佛云：「五眼無可説事故，不可説，由此般若清净。」諸法例。

二百九十六、「五眼不生不滅、不染不净故，般若清净。」「云何五眼不生不滅、不染不净？」佛云：「五眼畢竟空故，不生不滅。」等例此法。

二百九十七、《波羅蜜多品》，善現白佛：「如是般若是無邊？」佛言：「如是般若，猶如虚空，無邊際故。如是般若，是平等，是遠離，是無足迹，是佛十力，是無所畏。」佛言：「如是難屈伏，故一一是問，一一是答。」

二百九十八、《難聞功德品》，時天帝念言：「若人曾親近諸佛，聞是般若功德名字，書寫受持，如理思惟，爲他人説。若人聞是般若，不信不樂，心不清净，是人未曾承佛事。菩薩衆亦不知，云何是般若。布施乃至佛菩提，亦不信解内空等法。若人成就善法，當學般若。」天帝白佛：「修行般若，云何住色？云何住受、想、行、識？云何習色？云何習受、想、行、識？」佛云：「若於色不習不住，是爲住習。何以故？所住習色等法不可得故。例之。若於真如非住非不住，非習非不習，是爲住習真如。何以故？真如前後中際不可得故。」諸法爲例。

二百九十九、行般若時，不行佛十力甚深性，是行般若。不行四無所畏甚深性，是行般若。又此一例，關諸法義。

三百、舍利子白佛：「我樂説譬喻。若人夢中修布施等，求佛菩提，當知此人漸次不久成就，何况菩薩覺時，修布施等，而不速成正覺？」佛言：「若自行布施等，教他行布施。若自修布施等，教他修布施等。」善現白佛：「菩薩云何修行般若，速得圓滿？」佛言：「修行般若，不見色若增若減，是行般若，速得圓滿。一切諸法准此例。」

調 十卷

大般若經

三百一、菩薩修行般若時，於布施等不起不思議想，是修行般若，速得圓滿。依此例。

三百二、善現白佛：「如是般若，是清净聚？」佛言：「如是，色清净故，般若清净。」等例。若有受持如是般若，常不遠離布施等一切善法。佛滅度後五百歲，此般若漸次流布東南方，以至西北方等，國王大臣而爲外護，普利有情等。

三百三、《魔事品》，善現白佛：「若有人爲證無上菩提修諸行時，留難魔事？」佛言：「菩薩樂説法要，辯不即生，是爲魔事。所修般若布施等法，難得圓滿。菩薩樂修勝行，辯乃卒生，是爲魔事。嚬呻欠呿，忽然戲笑，互相輕蔑，身心擾亂，心生異解，欲有事起，不得滋味，便棄捨去，皆是魔事。捨此經典，求學餘經，餘是枝葉，不能引發一切智智。此是根實，餘經即得二乘四果，不得無上佛果。如至海岸，反觀牛迹等喻，界爲魔事。書寫此經，衆辯競起，所謂樂説布施乃至無上菩提。何以故？甚深般若，無樂説相，難思議故，無思慮故，無生滅故，無染净故，無定亂故，無名言故，不可説不可得故。」善現白佛：「甚深般若，可書寫不？」佛言：「不可書寫。何以故？此般若甚深經中，色自性無所有不可得。」等法例之。

三百四、能説法者，於六度善巧，聽者不能善巧，兩不和合。不獲説聽書寫修習，是爲魔事。聽者有方便善巧，説者無方便善巧；説者已得陀羅尼，聽者未得；説者離貪，聽者未離；説者恭敬，聽者不恭敬；說者一身無累，聽者多將衆人；説者不爲財利，聽者爲財利。反後皆是兩不和合，是爲魔事。復次有諸惡魔，化作比丘及種種形象，來作般若障難。書寫受持讀誦，説聽皆不和合，是爲魔事。

三百五、《佛母品》，譬如女人生育諸子，若五、若十、若二十、若三十、若四十、若五十，或百、或千，其母得病，諸子各各勤求醫療，使無病惱。各作是念：「我母慈悲，生育我等，教示事務。我等豈得不報母恩？」如來亦復如是，常以佛眼觀視護念甚深般若。何以故？般若生育我等，一切佛法能示，世間諸法實相。十方如來般若等法，皆由般若得生。一切内空等法，亦由此生。出現世間利益等。

三百六、如來應正等覺，依甚深般若，如實知色等法。何以故？别無相狀、無作用、無戲論、無所得，如實知真如法性。

三百七、佛言：「甚深般若由不緣色而生於識，是爲不見色故，名示色相。」例諸法。

三百八、甚深般若能示諸佛世間自性空相，名諸佛母，亦能示諸佛世間實相。云何般若能示諸佛世間實相？佛云：「般若能示諸佛色世間自性空相，乃至諸佛無上正等菩提。世間無性，自性空相，由如是義，名諸佛母。又復色等法純空相，復純無相，皆得名諸佛母。」

《不思議品》，善現白佛：「甚深般若爲大事故，出現於世。爲不思議故，爲不可稱故，爲無數量故，爲無等等故，出現於世。」佛言：「如是如是，如汝所説。」善現復白佛云：「如來性智不思議稱量等等，爲更有餘法？」佛言：「非但如來，色亦不可思議、不可稱量等等，乃至無上菩提亦復如是。」

三百九、善現白佛：「何因緣故，色不可施設、不可稱量、不可思議、無數量、無等等性？」佛云：「色不可施設、思議、稱量、數量、平等、不平等性，例一切法。」

三百十、善現，於意云何？色不可思議、不可稱量、無數量、無等等、無自性中色不可得等。《辦事品》，善現白佛：「甚深般若爲大事，不可思議、稱量數等，故出現世間。」佛言：「爲成辦布施等法出現，乃至爲成辦佛菩提出現世間。」復云：「甚深般若不取著色故，出現世間，能成辦事，乃至佛菩提等例之。」

陽 十卷

大般若經

三百十一、善現，我亦不見色可取著，我亦不見有法能取能著，我亦不見由是有取有著。由不見故不取，由不取故不著。例一切法。

《衆喻品》，善現白佛：「若菩薩聞是般若，深生信解，思惟修習，從何處没來生此間？」佛云：「或從睹史天來，或從諸天來。或信或不信，或先世聞布施、净戒等法則信，或不曾聞布施、净戒等法則不信。」

三百十二、不以布施等法攝他有情，不以内空法攝他有情。若不隨順修行般若，如是人等，隨二乘地故，於般若不能攝他隨順等。

三百十三、若菩薩乘補特伽羅，從發心來，無方便善巧，修行般若布施等法，作如是念：「我能行布施等法，彼受我施等，不名修學般若。」

《真善友品》，善現白佛：「初業菩薩云何修行般若等法？」若真善知識爲説般若等法時，汝善男子應作如是念：「我所修布施等法，普爲一切有情，回向菩提。」例一切法。

三百十四、菩薩雖知諸法自性皆空，如夢幻等，發趣無上菩提，爲令世間得安樂故，菩薩所修一一發趣，無上菩提，一一令世間得歸依故等。

三百十五、善現，色究竟中無如是分別，謂此是色，受、想等法亦如此例。善現，譬如巨海大小河中高顯可居，周回水斷，説各洲渚。如是色前後際斷，諸法一一如是前後際斷。

三百十六、善現，一切法皆以空爲趣，彼於是趣不可超越。何以故？空中趣不可得故。一切法皆以無願爲趣，無作無生無滅，無染無净，無所有，以幻、以夢響像光影陽焰等爲趣，如前例之。

《趣智品》，善現白佛：「信解如是般若，當何所趣？」佛言：「當趣一切智智。」善現復白佛：「趣一切智智者，能與一切有情爲所歸趣故。」佛言：「如是如是。」

三百十七、菩薩所擐甲胄不屬布施，何以故？布施畢竟無所有故。非菩薩非甲胄故，諸法例之。

三百十八、善現白佛：「如佛所説，菩薩相續隨順，趣向臨入一切智智。行般若者，是爲行色，不爲行受、想、行、識。爲行眼處，不爲行耳、鼻、舌、身、意處等法。行與不行，不行而行。一切智智即色等法，色等法即一切智智。乃至一切法真如即一真如，無二無別。」例之。

《真如品》，諸天散花佛上，各作是説：「色即是一切智智，一切智智即是色。乃至一切法皆與一切智智相即。」爲例見義。

三百十九、佛告諸天子言：「如是如是，如汝所言，色即是一切法，皆與一切智智相即。」爲例見義。

三百二十、佛言：「諸天子，世間有情多行攝取行，起我、我所執，謂色是我、是我所，乃至佛菩提是我、是我所。」

雲 十卷

大般若經

三百二十一、諸天子，若菩薩攝取三摩地門，此云正心行處，故行爲棄捨，三摩地門不能修，般若等佛不能證。内空外空等法例。

三百二十二、佛正説真如相時，三千世界，六種震動。復以香花奉散於佛及善現上，而白佛言：「世尊，未曾有也。善現由真如故，隨如來生。」善現告諸天子言：「當知上座，善現不由色故，隨如來生。不由真如故，隨如來生。不離故，隨如來生。不離真如故，隨如來生。乃至諸法皆如是例。」

三百二十三、舍利子白佛：「何因緣故，菩薩修空無相無願解脱門，不攝受般若，無方便善巧，便證實際，取聲聞獨覺果？若有方便善巧，不證實際，便趣無上菩提？」云云。

三百二十四、「布施於無上正等菩提，有退屈不？」舍利子言：「不也。」「離布施，於無上正等菩提，有退屈不？」舍利子言：「不也。」一一如是問，如是答。

《菩薩住品》，善現白佛：「若菩薩欲得無上菩提，當於何住？應云何住？」佛言：「當於一切有情起平等心，不應起不平等心。乃至當於一切有情，起大慈大悲、大喜大捨等心，不應趣等。」

三百二十五、菩薩欲得無上菩提，應自起無忘失法，亦勸他起無忘失法。恒正稱揚無忘失法，歡喜讚歎。起無忘失法者，將此爲例。於色處無障無礙，於色處不攝受，於色處不可攝，乃至菩提等例。

《不退轉品》，善現白佛：「有何狀貌行相，知菩薩住不退轉？」佛言：「能觀一切法無行無狀無相，是爲不退轉。於色不退轉，名不退轉。乃至於佛正覺不退轉，名不退轉。」

三百二十六、菩薩成就柔潤可愛可樂身語意業，於諸有情，心無罣礙。如是諸行狀相，是爲不退轉。慈悲喜捨身語意業，如是狀相，是爲不退轉。等諸法之義。

三百二十七、於布施想退轉，名不退轉。於净戒、安忍等想退轉，名不退轉。例諸法。

三百二十八、《巧方便品》，善現白佛：「不退轉位菩薩，成就廣大勝功德聚，唯願如來爲説甚深處，令安住其中。能修布施，速得圓滿。能修一切等，速得圓滿。」

三百二十九、菩薩於如是甚深處，依深般若，相應理趣，審諦思惟，稱量觀察，應作是言：「我如甚深般若所説而住，所説而學等法。」

三百三十、佛言：「如是如是，不可説義無增無減，布施亦無增無減。浄戒等法，一一例之。」佛言：「諸法真如，是無上正等菩提。」善現白佛：「云何謂諸法真如？」佛言：「色真如是正等菩提，乃至菩薩摩訶薩真如是正等菩提。」

《願行品》，佛言：「善現，菩薩修行布施，見諸有情衣食乏及，作是思惟：云何救濟？不顧身命，勤行布施，修行浄戒。見煩惱熾盛，更相殺害，修行安忍。見更相忿嗔，毀罵陵辱，修行精進。見懈怠懶墮，捨棄二乘，修行静慮。見貪欲嗔恚，昏沈睡眠，修行般若。見愚癡惡惠，正見俱失，修一一行。見一一事，發一一願，一一救度，圓滿行願，共成佛果。」

騰 十卷

大般若經

三百三十一、菩薩修六度行，見諸有情繫屬主宰，不得自在，我當勤求方便，令得自在，通前法義。

《殑伽天品》，爾時會中有一天女，名曰殑伽，從坐而起，白佛言：「我當修行六度妙行，嚴浄佛土，利樂有情。將成佛時，亦如今佛世，宣説般若。」即以天妙金花，散佛及衆。佛即微笑記曰：「汝將來成佛，號曰金花如來，悉如其願。」

三百三十二、《善學品》，菩薩云何習三摩地，入空三摩地？云何習近入空無相無願三摩地，乃至習近四念住等法？一一問答。

三百三十三、善現，有莫執持，但聞名字，忘失執著。所謂蘊魔、死魔、天魔、煩惱魔，是人未能修習布施等法，便不了色，乃至不了無上平等菩提。例諸法。

三百三十四、善現白佛：「菩薩若如是行，則不行色，乃至不行菩提等。」

三百三十五、善現，假使南贍部洲皆得人身，便教修菩薩行，證無上菩提，所得福聚，不如有人於大衆中，宣説般若所得功德。一一四大洲有情類，一一較量福聚，不如宣説般若。何以故？般若出生一切善法故。

《斷分別品》，善現白佛：「一切作意皆自性離、自性空，云何菩薩不離般若，相應作意及一切智智？」佛言：「知一切法及諸作意，皆自性離、自性空。如是離空，非聲聞作，非獨覺作。」

三百三十六、「世尊，爲即五眼空虛非有，不自在性，不堅實性，能行般若不？」「不也。」善現云：「世尊，爲離五眼空虛非有，不自在性，不堅實性，能行般若不？」「不也。」乃至無上菩提，如是例可見。

三百三十七、《巧便學品》，天帝白佛：「如是般若，最極甚深，難見難覺，不可尋思，超尋思境。聰惠微妙，智者所證，一切分别畢竟離故。」佛言：「如是如是。」

三百三十八、阿難白佛云：「菩薩何共住？」佛言：「菩薩共住相視，當如大師，展轉念彼，是我等真善知識，與我爲伴，共乘一船。我等與彼學處學時及所學法，亦無有異，如學布施等。」

三百三十九、菩薩爲念住盡故學，是學一切智智。不爲四正斷等盡故學，是學一切智智。乃至不爲菩提。

三百四十、佛言：「如汝所説，不爲布施等盡故學，是一切智智。不爲離故，不爲滅故，不爲無生故，不爲無滅故，不爲本來寂静故，不爲自性涅槃故。是學一切智智。」一一例之。「善現，布施真如盡滅斷不？」「不也。菩薩於真如如是學，是學一切智智。」

致　十卷

大般若經

三百四十一、《願喻品》，時天帝作是念言：「若菩薩般若等，尚超一切有情之上，况得無上菩提，安住内空等法？尚超一切有情之上，况得無上正等菩提？」

三百四十二、善現，般若畢竟離，内空等法，乃至一切法，非畢竟離。般若無分别，净戒等法亦無分别，乃至色等法無分别。

《堅等讚品》，舍利子白善現：「行般若時，爲行堅實法，爲行無堅實法？」答云：「爲行無堅實法，不行堅實法。何以故？般若無堅實，布施等一切法，皆無堅實。」一一法例之。

三百四十三、佛言：「諸天子，色離故，有情離。受、想、行、識離故，昀親離。」如是例一切法。

三百四十四、佛言：「諸天子，地界離故，空無相無願解脱離。」如前例諸法。

三百四十五、佛言：「諸天子，極喜地離故，布施等法離。」例。

三百四十六、佛告善現：「何因緣故，菩薩於般若心不沉没？」答云：「一切無所有故，心不沉没。一切法遠離故，心不沉没。」

《囑累品》，天帝白佛：「我如是説，如是讚，如是記，爲順如來法語、律語，於法隨法無顛倒記不？」佛言：「如汝所説，無顛倒記。」天帝白言：「善現所説，無不皆依空無相無願。諸有所説，無不皆依四念住、四正斷、四正勤等一起諸法。」

三百四十七、慶喜，若男子女人，於此般若讀誦通利，如理思惟，爲他人説，分别開示，令其易了，則爲受持三世如來無上菩提。付囑阿難，勿令忘失，十方界中，廣宣流布。

《無盡品》，善現白佛：「此甚深般若爲無盡不？」佛言：「實爲無盡，猶如虚空，不可盡故。」「云何應引般若？」佛言：「色無盡故，應引般若。乃至無上菩提無盡故，應引般若。」

三百四十八、布於虛空無盡故，應引般若。如前例諸法義。

三百四十九、《相引攝品》，善現白佛：「云何菩薩安住布施，引攝凈戒？」佛言：「以無攝受無慳悋心修布施時，與諸有情回向無上菩提，住慈身語意業，是安住布施、引攝凈戒。」例一切義。

三百五十、云何安住靜慮、引攝安忍？佛言：「安住靜慮修學安忍，觀色如聚沫，觀受如浮泡，觀想如陽焰，觀行如芭蕉，觀識如幻事。作如是觀時，於五取蘊，作不堅固想，常現在前，復作是念，諸法皆空，無我我所，色是誰色，受是誰受，想是誰想，行是誰行，識是誰識。六度互相引攝，起諸禪定神通。一起諸法，如前思之。」

雨　十卷

大般若經

三百五十一、《多問不二品》，善現白佛：「若菩薩成就如是善巧方便，發心已來，經幾時耶？已曾親近供養幾佛，已曾植幾善根？」佛云：「已經無數百千俱胝那庾劫，事殑伽沙等佛，修布施等法，無有不圓滿者。讚此般若，攝受諸法，種種譬喻，一切諸法。若無般若，不得名爲波羅蜜多。」善現云：「此甚深般若，於何等法，無取無捨？」佛言：「於色無取無捨，乃至於正等菩提無取無捨。」却復一一問，又復一一答云：般若不思惟色無取無捨，乃至不思惟正等菩提無取無捨等。

三百五十二、佛言：「甚深般若，於色不思惟，一切相亦不思惟，一切所緣如是不思惟，乃至佛菩提亦如是例。」

三百五十三、佛言：「若菩薩思惟色，思惟受、想、行、識，則染著欲界、色界、無色界。若染著欲界、色界無色界，則不能具足修菩薩行，證得無上菩提。若不思惟色等，則不染著三界，則能具足修菩薩行，證菩提。」

三百五十四、佛言：「菩薩作如是念：甚深般若遍能攝受布施等法，乃至佛菩薩等例。」

三百五十五、佛言：「若菩薩行深般若時，不觀色若常若無常，若苦若樂，若我若無我，若净若不净，若寂静若不寂静，若遠離若不遠離。乃至菩提如是例。」

三百五十六、佛言：「菩薩常作是念：我不應住眼界，不應住耳、鼻、舍、身、意界。何以故？眼界非能住非所住，耳、鼻、舌、身、意界非能住非所住。是菩薩能與布施六度等法，常共相應不相捨離，乃至佛菩提，依如此例。」

三百五十七、佛言：「過去現在未來諸佛，不以四念住護念是菩薩摩訶薩，不以四正斷護念是菩薩摩訶薩。」

三百五十八、云何布施實際相？云何浄戒等法實際相？佛言：「菩薩如實了知，而於中學，於一切知實了知略廣之相。無方布施際，是名布施實際相。例之。」

三百五十九、善現白佛：「云何應知一切法略廣之相？」佛言：「如實了知一切法，不合不散。」善現云：「何等法不合不散？」佛云：「色不合不散，乃至佛菩提不合不散。諸法例之。」

三百六十、佛言：「菩薩行般若時，於色學，不增不減。乃至於菩提學，不增不減。」

露 十卷

大般若經

三百六十一、佛言：「菩薩行般若時，應觀諸法自相皆空故學。如是應於色不起作諸行若有若無故學。乃至諸法如是例。」

三百六十二、佛言：「菩薩修行般若時，雖於諸法常樂決擇，而不得色，亦不得受、想等法，乃至佛菩提等。」

三百六十三、善現白佛：「爲住勝義證無上道耶？」「不也。」「爲住顛倒證無上道耶？」「不也。」「若不住勝義顛倒證得菩提，則世尊不證得無上正等菩提耶？」「不也。」佛言：「我隨證得菩提，不住有爲界，亦不住無爲界。内空等諸法，如所化者。欲行般若甚深義，行無常義、苦義、空義、無我義，乃至不應行貪欲義非義，以至色等義非義等例。」

《實説品》，善現白佛：「如是般若極爲甚深，諸菩薩不得有情，亦復不得有情施設，而爲有情求無上道。譬如有人，欲於無色無見無對依空中種樹，彼極爲難等。」種種演説法義。

三百六十四、佛言：「若由此真如施設地界，即由此真如施設火水風界。若由此真如施設水火風界，即由此施設空識界。若由此真如施設空識界，即由此真如施設無明等法。次第如是，相因例之。」

三百六十五、佛言：「一切法皆以空爲自性，一切法皆以無相無願真如法界法性等爲自性。」善現白佛：「若一切法皆以無自性爲性者，初發無上正覺心，成就何等善巧方便，能行布施等行？」

《巧便行品》，善現白佛：「如來常説行菩薩行，何等名爲菩薩行？何處行菩薩行？」佛言：「當色空行菩薩行，乃至菩提空行菩薩行。」等例。

三百六十六、佛言：「菩薩行般若時，不以二故，攝受布施等法。何以故？一切愚夫皆依二故，而得增長。」

《遍學道品》，善現白佛：「菩薩具最勝覺受，行如是深法，於中不求果報？」佛言：「於中不求果報，自性無動故。」善現云：「於何等自性無動？」佛言：「能於色自性無動，乃至無上菩提無性自性無動。」

三百六十七、善現白佛：「有性法、無性法，能爲現證不？」「不也。」佛言：「離四句非有非無，絶諸戲論。」「何以爲戲論？」佛言：「觀色若常若無常，是爲戲論。乃至觀佛菩提若常若無常，是爲戲論。」

三百六十八、佛言：「菩薩行般若時，應觀色常無常，不可戲論故，不應戲論，乃至佛菩提亦如是例。」

三百六十九、佛言：「菩薩行般若時，應觀大慈若常若無常，不可戲論故，不應戲論，諸法同例。」

三百七十、善現白佛：「若一切諸法非相應非不相應，無合無散，無色無見，無對無一相，所謂無相。」佛言：「如是，如汝所説，若色非相應，非不相應，無合無散等，乃至一切法如是例。」

結 十卷

大般若經

三百七十一、佛言：「修遣無明，亦遣此修，是修般若。行般若時，若念有無明，有遣此修，非修般若。何以故？非有想者能修般若，是故修遣無明，亦遣此修，是修般若，乃至諸法思之例之。」

三百七十二、佛言：「由此因緣，當知一切法有二想者，定無布施，亦無浄戒等法。無道無果，亦無現觀下至順忍。彼尚非有，況有色遍知？諸法准例。」

《三漸次品》，善現白佛：「住有想者，若無順忍，無道無果等法，豈能證得一切智智？」佛言：「如是如是。」善現云：「行般若時，爲有有想，有無想不？爲有色想，色斷想？次第修般若，次修六念法，作漸次業，修漸次學，行漸次行。諸法皆依如是修，謂三漸次。例之。」

三百七十三、佛言：「云何修隨法念，隨佛念，隨僧念，隨戒念，隨捨念，隨大念？」佛言：「若修隨法念者，行般若時，不應思惟善法、不善法、無記法，世間出世間法，有愛染無愛染法，有諍無諍法，唯聖法非聖法，一一不應思惟。若如是修，作漸次業，修漸次學，行漸次行，則得圓滿念住等一切善法。六念法中，依如是例之。」

《無得無相品》，善現白佛：「若一切法皆以無自性爲自性，菩薩見何義例，爲利有情求無上菩提？」佛言：「諸有情類，具類常見，住有所得。若無所得，即是得菩提等。」

三百七十四、佛言：「所住内空不離般若，皆爲般若之所攝受，外空等法依此次第例之。」

三百七十五、佛言：「菩薩行般若時，爲欲圓滿一切陀羅尼門故，即於一切陀羅尼門中，攝受布施等法。諸法爲例。」

三百七十六、佛言：「菩薩修行般若時，若住内空時，住無漏心而住内空。若住外空時，住无漏心。雖住内空外空，而無二想。依如是例。」

三百七十七、佛言：「不執無忘失法，不執著性。一一不執著諸法，則無作法中圓滿般若，亦能圓滿諸餘功德。」

三百七十八、《無雜法義品》，善現白佛：「云何於一切無雜無相自相空中，能圓滿布施等法行？」佛言：「行深般若時，安住夢幻等法，皆無自性。一相無相，則能圓滿布施、浄戒、安忍等。一切善法，依如是例。」

三百七十九、《諸功德相品》，善現白佛：「云何夢幻等法皆空，而可安立，是善是非善等法？」佛言：「有情顛倒執著，造身語意不善業，爲彼宣説正法。汝等當知，色是空，無我我所。乃至佛菩提是空，無我我所等。一切法例。」

三百八十、善現白佛：「云何名行深般若時，所有甚奇希有之法？」佛言：「菩薩往十方世界，若諸有情以布施攝益者，以布施而攝益之。諸法是例。我以佛眼遍觀十方殑伽沙世界菩薩，或天中或人中，或修羅中或地域中，或鬼趣中或傍生中，各隨機宜，作希有事等義。」

爲 十卷

大般若經

三百八十一、善現白佛：「云何名爲四無所畏、四無礙解、十八不共法、三十二相八十種好？」佛一一依問答之。

三百八十二、如來化作一佛，是佛復化作百千衆。彼化佛教所化衆，或令修布施，或令修净戒等法。

三百八十三、善現白佛：「若真如法界真如實際無轉越者，色與法界真如實際，爲有異耶？」佛云：「色無異，一一相即如色，不異法界真如實際，法界真如實際不異於色。諸法如是。」《諸法平等品》，善現白佛：「修般若時，於一切法善達實相。」佛言：「如變化者，不行於貪，不行於嗔，不行於癡，不行於色等法。」

三百八十四、佛言：「若一切法如變化者，諸所變化皆無實，色、受、想、行、識亦無實等。」

三百八十五、「善現，云何修行般若時，能學布施等法，方便善巧妙願力智？」佛言：「修般若時，如實知布施無增無減，無染無净，無自性不可得，而能修習，是修般若。」

三百八十六、佛言：「四念住非法界，亦不離四念住別有法界。界即四念住，四念住即法界。」例之。

《不動品》，善現白佛：「若諸有情及有情施設，皆畢竟不可得者，菩薩爲誰修般若？」佛言：「以實際爲量，修行般若。何以故？以有情即是實際故。諸法例。」

三百八十七、佛言：「修行般若時，依本空性，教授教誡諸有情類，令勤精進修諸善法，勿思惟二及不二相。諸法等例。」

三百八十八、佛言：「當知此中，無我可得，亦無有情命者生者等可得，無色等可得。」

三百八十九、佛言：「以色不異本性空，本性空不異色。色即是本性空，本性空即是色。乃至佛菩提法皆不異即等例。」

三百九十、善現白佛：「若一切法皆本性空，本性空中都無差別，菩薩爲何等住，發起無上正等覺心？」佛言：「無二行相，非二行相，亦無分別等。諸法例之。」

霜　十卷

大般若經

三百九十一、《成熟有情品》，佛言：「修行般若方便善巧，安住苦聖諦時，不得苦聖諦，不得能住，不得所住，不得所爲，亦不遠離如是諸法而住苦聖諦。是菩薩圓滿修菩薩道等例。」

三百九十二、善現白佛：「云何修行般若時，由此方便善巧力故，雖觀諸法，皆無自性，都非實有，而依世俗，發趣無上菩提，宣説正解？」佛言：「都不見有少實法可於中住，愚夫迷謬顛倒，執著色蘊、受蘊等法。」

三百九十三、《嚴浄佛土品》，善現作念：「何法名爲菩薩道？安住此道，能擐大功德鎧，利一切有情。」佛言：「當知布施是菩薩道，當知浄戒及一切法等是菩薩道。」

三百九十四、佛言：「菩薩以神通願力，盛滿三千大千世界上妙七寶，施佛、法、僧，施已歡喜。持如是善根，與諸有情，平等所求嚴浄佛土。復以奏諸音樂，亦如是嚴浄佛土。一一布施，一一回向，一一嚴浄佛土。」

《浄土方便品》，善現白佛：「菩薩爲住正性定聚，爲不住定聚耶？」佛言：「皆正正性定聚，非不定聚。」復云：「爲住何等正性定聚？爲聲聞、菩薩、佛耶？」佛言：「皆住佛乘正性定聚，不住聲聞、菩薩定聚等義。」

三百九十五、善現白佛：「何等爲菩薩菩提資糧？」佛云：「一切善法，皆是菩薩菩提資糧。」

《無性自性品》，善現白佛：「若如是菩薩法，復何等法是佛法耶？」佛言：「如汝所問，即菩薩法即是佛法。謂於一切法覺一切相，由此當得一切相智、一切道相智等。」

三百九十六、佛言：「明鏡等中所現諸像，爲有實事，可依造業。由所造業，或墮地域、餓鬼，傍生人天等不？不也。善逝種種爲喻，皆如夢幻勝義。」

《瑜伽品》，善現白佛：「諸法實者，無染無浄。不見實者，亦無染無浄。何以故？以一切法皆用無自性爲自性。」佛言：「我説一切法平等性爲清浄法等。」

三百九十七、善現白佛：「若一切法平等性中，諸差別相皆不可得，則諸異生預流等果與如來等覺，應無差別。」佛言：「如是。」

《無動法性品》，善現云：「若諸法平等，法性皆本性空，於有無法，非能非所，云何菩薩修般若時，不動勝義，而作所應作事，饒益有情？」佛言：「如是如是，雖無動作，而令有情遠離我想有情想等，遠離色想等想。」

三百九十八、《常啼菩薩品》，善現白佛：「云何教授教誡初業菩薩，令其信解諸法自性畢竟皆空？」佛言：「豈一切法先有後無，然一切法非有非無，無自性無他性。先既非有，後亦非無。自性常空，無所怖畏。當如是教授教誡初業菩薩，令其信解。復次善現，欲求般若，當如常啼菩薩，今在大雲雷音佛所，修行梵行。」善現白佛：「常啼菩薩云何求般若？」佛言：「不惜身命，不顧珍財，不循名譽，不希恭敬。居阿練若，空中有聲咄云：汝當東行，決定得聞甚深般若。汝當行時，莫辭疲倦。不得左右顧視，勿觀前後，勿破威儀，勿壞身相，勿動於色，勿動受、想、行、識，勿動眼、耳、鼻、舌、身、意處等法。」

三百九十九、天帝釋化現試驗，即復本形，在常啼前，曲躬讚言：「善哉大士，我實不用血髓，但來相試。今有所願，我當相與。」常啼云：「我願無上菩提，頗能與斯願不？」天帝云：「此非我力，唯有諸佛太聖法王，能與斯願。除無上覺，更求餘願，我當與之。」常啼云：「甚深般若，亦我所願，頗能惠不？」天帝又復慚然：「我於此願亦不能與。」常啼遂與長者女及其父母，同往妙香城中法涌菩薩所。

《法涌菩薩品》，法涌白常啼言：「一切如來所有法身，無所從來，亦無所去，何以故？諸法實相，皆不動故。」

四百、法涌告常啼云：「譬如光影，種種形相變轉差別，如是光影爲從何來，去從何所？」常啼云：「光影非實，云何可言有來去處？」法涌言：「如是如是，如汝所説，展轉譬喻。如來本無來去相，以候定中七年而起，爲説甚深般若波羅蜜多等法義。」

《結勸付囑品》，爾時如來告阿難言：「汝愛敬我，我此般若，汝當殷勤流布，利樂有情，無令忘失。此般若若常在世間。」

右鷲峰山中如來，爲般若第一會主。舍利子、善現、尊者慶喜、滿慈子、彌勒菩薩、天帝釋，當機擊揚，計四百卷。自初分緣起至結勸付囑，共七十九品，皆約法義立名。爲憍尸迦殑伽天

從人也。然所略大概則逐卷録其義，例其間。或前帙後帙，或前卷後卷，但見一科起處，照於前後卷帙，則八十科義類連環可知。且諸法行相，此會已備。後十五會，乃佛慈爲物，品目法義多同，但博約矣。

鷲峰山第二會，《般若》八十五品，計七十八卷。《大品》《光讚》《放光》三經舊本，三藏玄奘重譯。

金 十卷

大般若經

四百一、《緣起品》，如來入等持王三昧，不起於坐，復入師子遊戲三昧。如來即熙怡微笑，放光照十方界。

四百二、《歡喜品》，十方聖衆諸天集會，舍利子歡喜踴躍，從坐而起，請問般若妙義。

四百三、《觀照品》，舍利子白佛：「諸果位覺，與此般若波羅蜜多，無差別相。」

四百四、與般若相應人，於何處没來生此間？此間若没，當生何處？

四百五、修行般若，别發宿生隨念智證通等神力。

四百六、《善現品》，佛告善現：「汝以辯才，爲諸菩薩宣説般若等。」

四百七、色增語是菩薩摩訶薩不？不也。
四百八、地界增語是菩薩摩訶薩不？不也。
《離生品》，欲知色、受、想等法，當學般若波羅。
四百九、《勝軍品》，善現云：「我於夢響等五蘊法，若增若減義。」
四百十、《行相品》，三摩地不異菩薩。
《幻喻品》，設有問言，幻士能學般若，我云何答？
《無等等品》，般若是妙是微妙，是無等是無等等。
《舌相品》，如來現廣長舌相，遍覆大千，放大光明。

生 十卷

大般若經

四百十一、《譬喻品》，無句義是菩薩句義等法。
《斷諸見品》，宣説法要，令諸有情斷我見、有情見、命見等。
四百十二、到彼岸品，修行布施等法，與一切智智相應。
《乘大乘品》，菩薩乘是大乘，爲一切有情等。

四百十三、《無縛解品》，菩薩摩訶薩被大乘鎧，成就一切善法，無縛無解等。
四百十四、《三摩地品》，大乘相者，謂三摩地，般若智力成就百千等。
四百十五、《念住等品》，大乘相著，謂四神足修念住等法，成一切智力等義。
四百十六、《修治品》，住阿練若，常不捨離，求佛菩提，超聲聞獨覺等地。
四百十七、《出住品》，如是大乘何所住者，一切諸法皆無所住。
四百十八、《超勝品》，以種姓法非實有，是非有性故，此大乘是尊是勝，是上是妙，超勝一切天人等法。
四百十九、《無所有品》，我者、生者、見者等諸法無所有，猶如虛空。
四百二十、《隨順品》，此大乘法隨順般若，悉無違越，諸佛菩薩無不攝入般若波羅蜜多。

麗 十卷

大般若經

四百二十一、《無邊際品》，色無邊故，當知菩薩亦無邊，乃至佛菩提亦無邊等。
四百二十二、布施等法悉皆性空，無所有不可得等義。
四百二十三、行般若者，於色無受無取，無住無著等法。

四百二十四、《遠離品》，如我解仁者所説義，我及見者等法畢竟不生。
四百二十五、《帝釋品》，三千世界所有諸天，悉皆集會等。
四百二十六、宣説般若，欲令易解，然其義趣轉覺深妙。
《信受品》，爲何等有情，樂説何法？信受般若，非一生聞等。
四百二十七、《散花品》，諸天散花，願聞般若。天帝乃問，菩薩所學，當於何求等。
《授記品》，諸天讚歎，佛言：「當知我往昔燃燈佛時，於衆花王都四衢道首，獻五蓮花，布髮掩泥，聞上妙般若，以無所得蒙記。」
四百二十八、《攝受品》，如是般若爲希有，調伏令不高心，回向一切智智。
《窣堵波品》，此方云墳。佛告天帝：「受持般若，一切灾害皆不能侵，隨所在處，天人恭敬，勝造窣堵波福聚等量。」
四百二十九、《福生品》，於此般若至心聽聞，廣宣流布，所獲福聚，超過一切。
《所作功德品》，諸天共白天帝：「受持般若，令作佛法僧眼不斷，一切惡法自然損減，爲大明咒、神咒、上品等等咒。」
《外道品》，時有外道，爲求佛過，來詣佛所。帝釋誦念般若，自然敬禮而退等。
四百三十、《天來品》，般若所香，有其妙光異香，必知諸天龍等來至其所，觀禮讀誦書寫。

《設利羅品》，滿瞻部洲佛設利羅，若書寫般若，於此二分福聚，不可爲比。何以故？佛設利羅由此般若而得出生故。

水 十卷

大般若經

四百三十一、《經文品》，佛言：「教瞻部洲有情類，皆住十善業道，所得福聚，不如書寫般若。」

四百三十二、佛言：「教瞻部洲有情，皆發無上正等覺心，所獲福利，不如將此般若巧妙文義度宜流布，爲他人説。」

四百三十三、《隨喜回向品》，隨其所修諸福業事，如實了知，悉皆回向等。

四百三十四、《大師品》，如是般若能作照明，若能禮敬，如敬大師等。

四百三十五、《地獄品》，善現，有菩薩雖曾見佛，若百若多百千修行六度，於此甚深般若，便生毀謗輕慢，感匱法罪，經百千大劫，墮大地獄，無有出期云云。

四百三十六、《清净品》，是法清净，最爲甚深。何以故？諸法畢竟净故等義。

四百三十七、《標幟品》，修行般若，不行色等法，能擐功德大鎧，標幟名言皆不可得。

《不可得品》，色等一切諸法本性空故，皆不可得。
四百三十八、《東北方品》，得聞般若經典法門，一經耳者，已於諸佛所深種善根，末法流傳，東北方向。
四百三十九、如是般若，誰能信解？供養多佛，事多善友，聞我説此妙法，喜樂受持，今於我前發弘誓願。
四百四十、《魔事品》，學般若人，魔事卒生種種現境。當須覺知，不爲魔撓。《不和合品》，若書寫受持説聽般若，師資二緣難得和合，故此云耳。

玉 十卷

大般若經

四百四十一、書寫修習思惟般若，有人來讚説，諸天勝事歡喜。
四百四十二、《佛母品》，生育聖賢，故名佛母。甚深般若，不示現色等法故。
四百四十三、《示相品》，一切法相，如來覺爲無相變礙。見色相，如來覺爲無相之相。
四百四十四、《成辦事品》，般若爲大事故，出現世間，爲能成辦一切諸善法故。
四百四十五、《船等喻品》，行六度等無其善巧，墮聲聞等地。若以般若舟船濟渡，得到菩提彼岸。

四百四十六、《初業品》，初業菩薩不即諸法，不離於法。求學般若，證佛菩提，皆以空無相等爲趣。

四百四十七、《調伏貪等品》，誰於如是般若，能生净信？遠離貪嗔癡，爲性爲相，爲狀爲貌。

四百四十八、佛讚：「善哉，聞説如是諸法真如不可得相。」《真如品》，一切諸法皆與空相應，隨如來生，隨如來真如生等。

四百四十九、《轉不轉品》，如是不退轉，但名不退轉，爲退轉邪？轉不退轉，乃名轉轉。觀《不退轉品》，如何相狀名不退轉？如是義科，名不退轉等。

四百五十、《甚深義品》，色亦甚深，受、想、行、識亦甚深，乃至菩薩行亦甚深，無上正等覺心亦甚深也。於諸法，無以住相退轉，不退轉也。

大般若經 出 十卷

四百五十一、《夢行品》，晝與夢中修三摩地，增益悉無差别。夢行般若，亦名修習三摩地。

《願行品》，菩薩所作利益，所行般若，皆拔濟有情。

《殑伽天品》，散花佛上，發弘誓願，佛即記爲金花如來。

四百五十二、《習近品》，修行般若，云何習近空無相等法，云何入空無相等法？若能善學空無相，得入佛位。

四百五十三、《增上慢品》，惡魔變化，當須自覺，平等性中，莫生勝負等。

四百五十四、菩薩所持一切善根，無如般若。

四百五十五、《同學品》，天帝辯才，宣説般若，以佛神力，得如是辯，願與有情同學是法。

四百五十六、《同性品》，修學般若，增長一切波羅蜜多，以般若一法，含藏一切諸法，皆同性故。

《分别品》，於一切法，不生分别，是學般若。

四百五十七、《堅非堅品》，般若堅亦非堅，於一切法，離亦非離。不堅不離，能學般若。

《實語品》，三世諸佛，依此般若成道，是真實語。

《無盡品》，般若無盡，一切法亦無盡等例。

四百五十八、《受樂品》，聽聞甚深般若，當知是人佛所種善根故。

四百五十九、《相攝品》，般若一法攝取布施等一切法，方得一切善法成就。

四百六十、《巧便品》，巧方便力發菩提心，恒沙佛所以種善根，成一切智，證等覺位。

昆 十卷

大般若經

四百六十一、應於般若常勤修學，具大勢力，得大自在。

四百六十二、行般若時，法相皆空，應觀色等悉皆如是。

四百六十三、何因緣故名般若？得到彼岸故，得此名耳。《樹喻品》，空中種樹，甚爲難事。學般若人，又復爲難，久種善根故學。

四百六十四、《菩薩行品》，何故名爲行菩薩行？諸法空處行生死故，是行菩薩行。《親近品》，不近諸佛及諸善友，無由得成一切智智，證無上覺。

四百六十五、《遍學品》，不由如來道滿，遍學得入菩薩正性。

四百六十六、《漸次品》，無自性中起諸善行，作漸次業，修漸次學，行漸次行等。

四百六十七、《無相品》，行般若時，能以離相無漏之心，於一切法，不取不著不離等。

四百六十八、《無雜品》，夢響等法如實了知，成就無漏道支，圓一切聖法，得成菩提。

四百六十九、《衆德相品》，如來種相，悉已具明。觀察二空，知一切法如夢幻等，都非實義。

四百七十、如來八十種隨好功德妙相，於此一一分別解脱。

岡 十卷

大般若經

四百七十一、若真法界真如實際無轉無越，色受等法亦無異也。

四百七十二、《善達品》，實知行相生無所來，滅無所去，俱不可得，則能善達一切諸法實相。

四百七十三、不見法界離諸有，不見諸法離法界。

四百七十四、《實際品》，化作四衆，應無果證。分別顛倒，了無取相，是名實際等義。

四百七十五、《無闕品》，修行般若，一切法性皆不可取，於布施等法，悉無所闕云云。

四百七十六、《道士品》，布施等法是菩薩道，世出世間一切諸法亦菩薩道。

四百七十七、《正定品》，正性定聚與不定聚，非住非不住，是菩薩乘無所住。

四百七十八、《佛法品》，即菩薩是其佛法，即此佛法是菩薩法。一切法皆以無性爲性，如是諸法無性故，所以無事云云。

右鷲峰山中第二會所説《般若》，計七十八卷，八十三品。其義意品目與前多同，但如來應機廣略耳。此六會後卷中標録。

大藏經綱目指要録卷第一　終

大藏經綱目指要録卷第二

東京法雲禪寺住持傳法佛國禪師　惟白　集

……岡。劍號巨闕，珠稱夜光。果珍李柰，菜重芥薑。海鹹河淡，鱗潛羽翔。龍師火帝，鳥官人皇。始制文字，乃服衣裳。已上總四十一函。

大般若經　自第四百七十九卷至六百卷

鷲峰山第三會，《般若經》五十九卷，計三十一品，三藏玄奘重譯。舊號單譯。

岡　十卷

大般若經

四百七十九、《緣起品》，如來入三昧，及放光現瑞，悉如前也。

四百八十、不見空與諸法相應，是修般若波羅蜜多。

劍 十卷

大般若經

四百八十一、我於法界，若速現等覺，若不速現等覺，何以故？

四百八十二、修行般若，引發六神通等法義。

四百八十三、《善現品》，欲滿諸善法，當學般若波羅蜜多，於一切法，應如實覺知。

四百八十四、欲滿布施、安忍等法，應學般若。

四百八十五、於一切法，無所取著，則能於此彼岸，而得到彼岸。

四百八十六、無句義名爲菩薩句義等。

四百八十七、修行精進，與智相應，以無所得，回向菩提。

四百八十八、不被功德鎧，是名菩薩被大乘鎧。

四百八十九、普超三界有情諸法，名爲曾超一切三摩地，决判有情也。

四百九十、大乘相者，義無礙解、法無礙解、詞無礙解、辯無礙解，於四法中悉無所得。

號　十卷

大般若經

四百九十一、常遠離我執，乃至見者等執。
四百九十二、當知如是大乘，都無所住。
四百九十三、言大乘者，普超一切世間天人等法。
四百九十四、我我所生者，乃至見者、命者等無所有。
四百九十五、虚空前後中際皆不可得，大乘亦復如是。
四百九十六、前後中際不可得，色蘊無邊，當知菩薩亦無其邊。
四百九十七、何緣故説菩薩，但有假名，爲客所攝等義？
四百九十八、如實觀察，一切法相悉不可得，乃至實相。
四百九十九、《天帝品》，諸天共集，帝釋請問行般若時作如是觀。
五百、尊者善現，乘佛神力，爲諸菩薩雨大法雨。

巨　十卷

大般若經

五百一、《見窣堵波品》，甚深般若，至心聽受。如理思惟，廣令流布。所獲現法，當來勝利。

五百二、不離一切智智心，以無所得爲方便。

五百三、《稱揚功德品》，以何驗知，三千世界天龍歡喜護念，悉讚其妙法？

五百四、《設利羅品》，此云舍利，佛設利羅由此出生，不如受持般若。

五百五、《隨喜回向品》，所修善根，回向無上菩提，隨喜俱行。《福聚品》，等教有情住預流果，所得功德不如受持般若妙法。

五百六、《地獄品》，般若於色不作大，不作小。

五百七、《歡净品》，安住大乘，無方便善巧，起般若等想。《讚德品》，受持此經，身體無病，常有龍天守護。

五百八、《陀羅尼品》，此云總持。天帝作念，得聞般若，已曾親近諸佛。

五百九、佛滅度後，於東北方，有幾許安住大乘等。

《魔事品》，修諸行時，留難魔事，説聽因緣俱不和合等。

五百一十、《現世間品》，母若有難，子當求治守護。般若亦復如是，當須求學。

闕 十卷

大般若經

五百十一、《不思議等品》，般若出現世間，爲不思議。

《譬喻品》，般若出現世間，成就布施等諸法也。

五百十二、《善友品》，新學大乘，應云何學？一切法相皆是菩提善友等。

五百十三、《真如品》，若五蘊真如，若一切智真如。

五百十四、自成熟一切有情，亦勸他成就一切有情。

五百十五、《不退相品》，一切不退轉，是名轉，轉爲大乘不退相也。

五百十六、《空相品》，若離般若，雖經多劫行布施等法，不成佛果。

五百十七、具修六度，見有情惡業高下不平。

《殑伽天品》，如前散花授記成佛。

五百十八、《巧便品》，諸有情類，無善巧方便，於長夜中，行有所得。

五百十九、甚深般若，用何爲相？
五百二十、阿難作念：「是爲平等學，由平等學，成佛菩提。」

珠　十卷

大般若經

五百二十一、《見不動品》，天帝作是念：「修行布施、浄戒等法，尚超一切有情，何況求佛菩提？」
五百二十二、其心堅固，逾於金剛，一切諸魔不能留難。
五百二十三、《方便善巧品》，如是般若最爲甚深，如虚空故，説爲無盡等。
五百二十四、成就如是方便善巧，發趣無上正等覺心。
五百二十五、略攝般若，於中修學，能多所作，得如是名等。
五百二十六、依何義故，名爲般若？到一切法究竟彼岸。
五百二十七、《慧到岸品》，具勝覺慧，習行深法，於自性中，而不能動。
五百二十八、《妙相品》，住有想者，若無順忍住無相者，豈有順忍等法也。
五百二十九、知一切法無相無得，云何圓滿布施等法？

五百三十、行般若時，安住夢幻，五取蘊中，圓滿諸法。

稱 十卷

大般若經

五百三十一、菩薩亦能得一切智，與如來有何差别？其相云何？

五百三十二、世俗施設因果分位差别，不依勝義故。

五百三十三、《施等品》，有情施設，皆不可得。無上爲誰故，行布施等善法？

五百三十四、若一切法皆本性空，本性空中都無差别。

五百三十五、修行布施等法，乃至究竟無上菩提，皆無二相等。

五百三十六、《佛國品》，菩薩種種願行，修布施等法，爲作如是嚴浄佛土，謂彼土中，無三惡道，乃真佛國。

五百三十七、《宣化品》，觀一切法，無不皆空，是爲覺知諸法實相，如是宣説，化利有情。

右鷲峰第三會所説《般若》，與前二會品目多同，則略標録，照前後義也。

鷲峰山第四會，《般若經》十八卷，共二十九品。即舊《小品》《道行》《明度》三經。三藏玄奘重譯。

五百三十八、《妙行品》，善現、舍利子承佛神力，爲人天衆宣説開示甚深般若。
五百三十九、菩薩皆實無生法亦無生。一切智智亦實無生。
《天帝品》，諸天集會，帝釋請問般若。
五百四十、《窣堵波品》，此云方墳。如是般若甚奇希有。佛言「云何甚奇」云云。

夜　十卷

大般若經

五百四十一、應正等覺於深般若功德勝利，量無邊際。
《稱揚功德品》，滿瞻部洲佛設利羅所獲福聚，不如受持般若等。
五百四十二、《福門品》，教瞻部有情令住預流等果，不如書寫此般若福。
五百四十三、《隨喜回向品》，慈氏謂善現，所起隨喜回向不可思議等義。
五百四十四、殑伽沙界有情，皆發等覺心，於此般若所起回向福聚，不及少分。
《地獄品》，信受般若，成佛菩提，不信此法，墮地獄等惡趣。
五百四十五、《清净品》，諸愚癡人，不勤精進，不事善友，難信難解。若信解者，其心清净。
《讚歎品》，有此般若經處，諸天歡喜讚歎受持。

五百四十六、《總持品》，應正等覺善分别説此妙法，哀愍世間，利多衆生故也。
五百四十七、《魔事品》，樂説辯才不生兩不和合，皆爲魔事。
《現世間品》，有此般若，一切善法出現世間故。
《不思議等品》，甚深般若出現世間，爲無等等，不可思議也。
五百四十八、《譬喻品》，甚深般若現世，成辦一切諸佛法，故難譬喻。
《天讚品》，諸天讚歎甚深般若，希有奇特出現。
五百四十九、《真如品》，般若真如，最爲甚深，極難信解，正等菩提亦難證得。
《不退相品》，菩薩轉不退轉，爲不退轉等義。
五百五十、《空相品》，説諸行法，皆是分别。從妄想生，都非實有。
《深功德品》，心心數法，前後進退推徵，無和合義，如何得積集善根成佛果也？
《殑伽天品》，以花散佛，即記佛果也。

光 十卷

大般若經

五百五十一、《覺魔事品》，如何修習一切菩提分法？引發何心？令習空無相、無願、無作、無生、無滅、無起。

五百五十二、《善友品》，即般若能行般若，即空即離。若能如是行般若，是真善友。

《天主品》，帝釋白佛：「般若最爲甚深，難信難解。」

《無雜無異品》，思惟習學修行如是三昧，於此般若，爲趣無上等覺，乃成佛果也。

五百五十三、《迅速品》，譬喻大地，出生金銀等實，若學般若，速成無上等正覺。

《幻喻品》，若有來問，幻人能修布施等法，云云。

五百五十四、《堅固品》，住深般若，現在如來前後圍繞，宣説般若，自然歡喜。

《散花品》，諸天聞説般若歡喜，各持妙寶天花，奉散佛上及衆。

五百五十五、《隨順品》，應觀諸法不和合，雜壞無變異、無表示等，後亦復如是。

右鷲峰山第四會所説《般若》品目，亦與前三會多同，則略順機緣亦簡標義相，以照前後耳。

鷲峰山第五會，《般若經》十卷，共二十四品，唐三藏玄奘法師號新譯。

五百五十六、《善現品》，汝以辯才，宣示般若。

《天帝品》，四萬天子，俱來集會。

五百五十七、《窣堵波品》，諸天同時高聲唱言：「甚深般若，法性深妙。」

《神咒品》，諸天白帝釋：「般若是大神咒。」

五百五十八、《設利羅品》，佛設利羅因般若生。
《經典品》，教得道果福利，不如受持此經典。
《回向品》，所有善根，回向菩提，不如修習般若。
五百五十九、《地獄品》，如是隨喜，無倒回向，若生差別，墮惡趣故。
《清浄品》，如是清浄，最爲甚深等。
五百六十、《不思議品》，於諸菩薩，善能付囑。
《魔事品》，師資説聽，俱不和合。
《真如品》，諸法真如，不離般若波羅蜜多。

果 十卷

大般若經

五百六十一、《甚深相品》，諸法甚深，以何爲相？
《般等喻品》，乘此般若，到於彼岸。
五百六十二、《如來品》，如是般若，極難信解。
《不退品》，退與不退，是菩薩輪。

五百六十三、《貪行品》，能如是行，都無行處。
《姊妹品》，天女散花，慶喜問：「如是姊妹，種幾善根？」佛言：「燃燈佛時，同我獻花，我記成佛，授賢天女也。」
《夢行品》，夢行般若，與日中乃無别。
五百六十四、《勝意樂品》，以勝意樂，欲證等覺，常應讚歎真净善友。
《修學品》，修學般若，晝夜精勤。
五百六十五、《根栽品》，行甚深義，猶如根栽。
《付囑品》，付囑阿難，廣宣流布。
《不動品》，受持般若，四衆圍遶，如大海水，不能傾動故。
右鷲峰山第五會所説《般若》十卷，共二十四品，亦與前四會品目多同，故略標耳。
鷲峰山第六會，《般若經》八卷，共十七品。《勝天王般若》舊本，唐三藏玄奘法師重譯。
五百六十六、《緣起品》，如來放光，照十方界。
《通達品》，最勝天王問世尊言：「云何修學一法，通達一切佛法？」佛云：「所言一法，謂之般若。能修學者，則能通達布施等一切諸法善法故。」
五百六十七、《顯相品》，天王復問：「般若以何爲相？」猶如天帝出生物相。」

五百六十八、《法界品》，天王復問：「行深般若，爲度有情，示現諸相？」佛云：「俱不可得。」

《念住品》，天王復問：「路非路者，心緣何住？」佛云：「身受心法而可安住等。」

五百六十九、《法性品》，天王復問：「諸佛何緣得此微妙功德？」佛云：「所行甚深般若波羅蜜多，不可思議法性也。」

五百七十、《平等品》，天王復問：「法性平等，何謂平等？等何法故，名爲平等？」佛言：「諸法自性不生不滅等故，名平等。」

《現相品》，舍利子問天王：「方便善巧，通達法性，何緣六年苦行，降伏天魔？」天王答言：「佛爲伏諸外道，故示現耳。」

珍 十卷

大般若經

五百七十一、《無所得品》，善思菩薩問曰：「佛授天王菩提記耶？」答曰：「我雖蒙記，猶如夢等，無所得也。」

《證勸品》，無數劫前有佛出現，名曰寶王如來。是時輪王與千子詣佛所，聽是般若，記其千子於賢劫中次第作佛也。

五百七十二、《顯德品》，曼殊問佛：「菩薩經幾劫、事幾佛，得如天王對如來所説般若？」佛云：「經百千大劫，事百千諸佛，乃能如是也。」

《現化品》，善思問言：「佛所化身，更能化不？」天王曰：「對佛證明，佛所化身，作無量化佛。」

五百七十三、《勸誡品》，佛告曼殊：「碎大千界，悉爲微塵，一一爲窣堵波，浄心盡身供養，不如受持此之般若。」

《二行品》，佛告文殊：「有二種行，成就般若。從初發心至前際中後際，悉無間，乃至三十二相八十種好。」

《讚歎品》，曼殊即昇虚空，説偈讚佛云：「一切有情類，爲佛最爲尊。尚無有等者，況復當有勝。」乃至諸天説偈耳。

右鷲峰山第六會所説《天王般若》品目，與前五會或同或異，其義意大旨無别。

逝多林中第七會，《曼殊室利分般若》二卷，唐三藏玄奘法師譯。

五百七十四、此云妙吉祥也。佛所住處，吉祥先至，爲利有情故。佛諸弟子在門外立，我先來此，專爲一切有情，非謂證佛菩提，非爲樂觀如來身相。何以故？如來即真如相，本無動無作等法，然佛與曼殊一一問答。

五百七十五、舍利子白佛：「曼殊所説法相，不可思議。」佛言：「如汝所説。」曼殊曰：「我所説法，但有音聲，倶無所有，何見法相？」

逝多林第八會，《那伽室利分》一卷，三藏玄奘法師譯。玄則《序》云：「妙祥資舍衛之稟，龍祥叩分衛之節。」

五百七十六、妙吉祥著衣持鉢入城，時龍吉祥見問尊者：「何所往？」答云：「巡行乞食，利樂衆生。」問云：「今於食想由未破耶？」答言：「吾於食想都不見有，知何所破？何以故？一切法本性空寂，猶如虛空，我何能破？」二大士復往徵詰，時無能勝菩薩來至讚言：「善哉大士，能共辯説。」妙吉祥復與龍吉祥談深妙法，龍吉祥入海喻定，善思觸其身，令速出定。

逝多林第九會五百七十七，《能斷金剛般若分》，前後六朝譯，唐三藏玄奘玉華宫重譯此經。

他化自在天宫第十會，《般若理趣》一卷，三藏玄奘法師譯。玄則《序》云：「核諸會之旨歸，綰積篇之宗緒。」

五百七十八、自在天宫如來爲諸菩薩説甚深微妙般若理趣清净法門，即是句義，自清净妙樂句義，是菩薩句義，乃至般若一百餘句義。如來復依遍照如來之相，空説般若一切惡法。復依清净三界勝主如來，智印無戲論法。如來輪攝真清净器，由能善調伏，性平等法住持法藏無邊法際，復依遍照。已上一一如來之相，一一説般若甚深理趣，皆如來大慈，開示秘密也。

逝多林第十一會，《布施般若經》五卷，三藏玄奘法師譯。玄則《序》云：「萬行相資，都之六度，蓋以度門爲首也。」

五百七十九、如來爲舍利子、滿慈子，廣談布施行，引發一切善法，諸善根功成般若利智。

五百八十、佛言：「欲證無上佛果，應行無染布施。然諸法若無布施，不能圓滿。若無般若，不能勝妙也。」

李 十卷

大般若經

五百八十一、若一切法皆非實有，行布施時，爲誰所捨？佛云：「都無所捨等也。」

五百八十二、云何初發心、第二發心，住不退地，坐菩提座？佛言：「初心超羅漢，二心超獨覺。平等法界，超不退位。坐菩提時，成一切智智也。」

五百八十三、頗有初心勝後心不？佛言：「羅漢諸無漏心，離一切煩惱，不能化度有情。若初發大菩提心，便能超過苦海，爲一切有情津梁，故勝也。」

逝多林第十二會，《凈戒般若》五卷，三藏玄奘法師譯，玄則《序》云：「欲儲凈法，先滌身

器，持戒波羅蜜多也。」

五百八十四、舍利子承佛神力，先以浄戒教諸菩薩。滿慈子問：「云何應知菩薩持戒犯戒所應行處，非所行處？」舍利子云：「安住聲聞、獨覺，作意是非所行處，安住此處，名爲犯戒。行於非處，決定不能攝受浄戒。」一一廣問廣答行相。

五百八十五、如實了知，等無間緣、所緣緣、增上緣及諸緣，名爲緣起善巧。然問一切諸緣，一一如實了知其義。

五百八十六、如實了知等無間緣、所緣緣、增上緣及從諸緣，名爲緣起善巧。然問一切諸緣，一一如實了知其義。

五百八十七、有方便善巧，疾證菩提。無方便善巧，遲證菩提。

五百八十八、佛言：「舍利子，汝能如是安住妙智，謂如實知，取著浄戒，有所毀犯。不取著浄戒，無所毀犯。」答言：「我信如來所説妙法如是之智。」

逝多林第十三會，《安忍般若》一卷，三藏玄奘法師譯。玄則《序》云：「等覺之靈根，廣慈之奥主，謂之認也。」

五百八十九、滿慈子白佛言：「若種種訶罵毀謗，悉能忍受。乃起慈悲心，報被恩德，是名安忍之心，成一切智智。」舍利子問滿慈子：「菩薩、聲聞所修安忍，有何差別？」答云：「聲聞少分行相，非極圓滿。菩薩具分行相，所缘最極圓滿。所住安忍，若受他人毁駡，其心不動，如妙高山，疾證菩提。若見鬪諍忿嗔來，爲分别一切諸法皆空。乃畢竟無有諍競。彼聞是説，鬪諍心息。」亦令修學内空等法，一一法例之。

逝多林第十四會，《精進般若》一卷，三藏玄奘法師譯。玄則《序》云：「至運無動，動之愈勤，妙響伊寂，寂之愈照也。」

五百九十、滿慈子白佛：「欲證菩提，如何安住精進？」佛言：「初發心時，我諸所有，若身若心，先爲他作饒益事，當令一切所願滿足。譬如僮僕，行住坐卧，皆當任主，不應自在。然佛爲稱揚，令修行人於諸法中，精勤修習。如有人來謂，言汝爲我析須彌山，一日之中，便爲微塵。當須歡喜，精勤奉教。不生一念懈怠之想，爲他作如是事也。」

鷲峰山第十五會，《静慮般若》二卷，三藏玄奘法師譯。玄則《序》云：「動之則舛競聿興，静之則衆變幾息。」

柰　十卷

大般若經

五百九十一、舍利弗白佛：「欲證菩提，如何安住静慮？」佛言：「入初静慮，常作是念：

我無際生死以來，數數曾入如是静慮。所作應作身心寂静，次第入諸禪定。作所應作，爲一切功德所依，一一念其無際生死也。」

五百九十二、舍利子白佛：「云何静慮攝受般若等法？」佛言：「菩薩於諸法中發起無著無常想等善根，回向一切智智，於一切定境不生味著。諸有所作，常在定心。如行布施、净戒、安忍等法，常在定心。廣談四静慮、四無色等定境。問答斯旨，使後世修習者不錯亂定心，速成妙行妙定。」

白鷺池側第十六會，《般若波羅蜜多經》八卷，唐三藏玄奘法師譯，西明寺譯經證義僧玄則序。

五百九十三、善勇菩薩問佛：「何謂般若？云何修行般若？」佛言：「汝觀何義，請問是法？」答云：「我哀有情故，爲作利益。」佛言：「爲何等有情？」答云：「不爲下劣有情請問，我爲樂一切智智、無著智、自然智、無等等智、無上智等有情，請問無上等覺甚深般若。」佛云：「般若不可施設，不可宣説，不可示現。如是知者，名如實知。非知非不知，非此處非餘處，故名般若也。然智所行，非智所行，非非智境，亦非智，以智遠離一切境故。若智是境，即應非智。不從非智而得有智，亦不從智而得有智。乃至廣説智智相出世，通達般若。」

五百九十四、若能於法如實覺知，名爲真實菩薩。何以故？一切法性無實無生，無所執著，無所得故。

五百九十五、復次善勇猛，色蘊非色蘊所行故。無知無見，是爲般若。受、想、行、識、眼、耳、鼻、舌、身、意等法，亦復如是例。

五百九十六、五蘊不可施設，有去有來，有住有不住，乃至諸法依例。

五百九十七、舍利子白佛：「云何菩薩依如是法行諸境相？」佛言：「菩薩衆尚不可得法，何况非法？尚不可得道，何况非道？故一切境相皆空也。」

五百九十八、菩薩能如是行，則不緣色，清净而行。亦不變受、想、行、識，清净而行。諸法亦如是。

五百九十九、如是學時，不於色學。若常若無常，若苦若樂，若空若不空，若我若無我。諸法亦然也。

六百、於色不説開顯不開顯，寂静不寂静，遠離不遠離，無著無縛，無解脱不執著，乃至佛菩提依如是例。然如來最後殷勤勸誘，令學般若，早證菩提。敕諸菩薩，廣宣流布，令佛眼不斷也。

右四處十六會所説《般若》六百卷，今逐會標辨品目，逐函分列卷次，逐卷録略義例。然卷帙雖多，研其義例，始自色心，終乎種智，止于八十餘科耳。所録者固不能全其義意，使開一卷，

看一例，照于前後卷帙，貫通八十科之起。復則八部《般若》照然可見矣。若或累朝法匠，譯梵爲華。繼有傳授，不無其人。唯唐三藏玄奘法師，自竺國而還，詔居玉華宫，或創出梵文，或重譯舊本。四更星序，八部方周。般若智日圓明，至理義天普覆。爰是或講或誦，或注或持，代勝一代，日盛一日，殊應有徵，利益無量也。今撮略綱目，欲廣見聞，以龍樹尊者所造《大智度論》，摘其義意，注于科略，俾看《般若》者，批閱其大旨，即成智智也。

般若八十餘科名相 并注

五蘊

色蘊積聚虚假，受蘊領納資貪，想蘊取像奔馳，行蘊微細遷流，識蘊熾然了別。

六根

眼根喜怒視相，耳根聽審相續，鼻根愛憎香臭，舌根嘗味甘苦，身根貪嫌澁滑，意根恒審思量。

六塵

色塵形顯質礙，聲塵反聞成迷，香塵薰蕕惑知，味塵鹹淡遷怒，觸塵冷暖勞苦，法塵萬像紛紜。

六識

眼識玄黄不真，耳識苦樂音異，鼻識觀氣旋光，舌識辯説邪正，身識隨機現儀，意識緣慮循空。

六觸

眼觸離則明見，耳觸遠近全聞，鼻觸聞香即知，舌觸味合即覺，身觸不合不覺，意觸冥契諸相。

六緣所生

眼緣所生受光非照境，耳緣所生受順音分辨，鼻緣所生受薰修頓圓，舌緣所生受心酸何依，身緣所生受放逸無逸，意緣所生受相念不忘。

四緣

因緣諸法和合，次第緣心、心數法，所緣緣法無所依，增上緣法無可得。

六大

地大堅凝質礙，水大潤下滋愛，火大炎上生嗔，風大鼓籥慄動，空大不見邊表，識萬法本源。

十二因緣

無明昏翳真智，行流注不息，識妄生愛染，名色觀形定實，六入根塵睹封，觸漸生染著，受納而不執，愛習力成染，取執之不捨，有業因成就，生愛欲流轉，老漸覺變異，病衆苦纏聚，死捨隨識飛，憂煩悶沈戚，悲鬱帙哀鳴，苦惡緣頓現，惱怨害相遇。

六度

布施捨己慧他，净戒三業無染，安忍毀譽風清，精進勇猛無怯，静慮妙絶諸緣，般若智慧圓徹。

二十空

内空六根無體，外空六塵無相，内外空六識無有，空空病去藥除，大空小乘法無，小空四果相無，勝義空功用假現，有爲空生滅相無，無爲空無相亦無，畢竟空諸法相盡，無際空不見終始，散空和合相離，無變異空如如智寂，本性空法本無常，自相空不待彼無，共相空自他相盡，一切法空皆不可得，不可得空可亦不可，無性空假緣即無，自性空體本元空，無性自性空俱無亦無。

四諦

苦聖諦世間果相，集聖諦世間因相，滅聖諦出世果相，道聖諦出世因相。真如不變隨緣，法界理事圓融，法性常自寂滅，不虛妄性本來真實，不變異性今古常然，平等性聖凡一致，離生性寂爾無形，法定諸境常如，法住各安自位，實際不立一塵，虛空界無有邊量，不思議界心言路絶。

四静慮

初禪有尋有伺，二禪無尋唯伺，三禪無尋無伺，四禪捨念清浄。

四無量

一慈無量慈定廣大，二悲無量悲定含空，三喜無量喜定周遍，四捨無量捨定廓徹。

四無色

一空無邊處空定現空，二識無邊處識定現識，三無所有處無定是定，四非非想處無想想定。

八解脱

一觀内有色外亦觀色解脱見内見外，二觀内無色外亦觀色解脱見外見内，三内外諸色解脱有無俱净，四空無邊處解脱緣色同空，五識無邊處解脱三世識空，六無所有處解脱無色緣無，七非非想處解脱絶相妙成，八滅受想定解脱心數法盡。

八勝處

一勝處净相超勝，二勝處色境超勝，三勝處内外超勝，四勝處真空超勝，五勝處妙識超勝，六勝處空無超勝，七勝處非想超勝，八勝處想定超勝。

九次第定

一次第定初禪喜樂，二次第定二禪妙生，三次第定三禪妙樂，四次第定四禪净盡，五次第定空能普入，六次第定識能明了，七次第定無有即有，八次第定無想即想，九次第定心滅無滅。

十遍處

一遍處地大周匝，二遍处水大周匝，三遍處火大周匝，四遍處風大周匝，五遍處空大周匝，六遍處青色滿空，七遍處黄色滿空，八遍處赤色滿空，九遍處白色滿空，十遍處黑色滿空。

四念處

觀身不净染緣有故，觀受是苦執取增縛，觀心無常念念遷滅，觀法無我無有定相。

四正勤

精進根靈苗滋茂，精進覺心心警策，精進力毫釐不屈，正精進不隨邪習。

四神足

定根深固幽遠，定覺寂而常照，定力魔不能動，正定入佛三昧。

五根

信根能入法海，念根任持不忘，精進根念兹在兹，定根湛寂虚通，慧根明辨實諦。

五力

信力一念萬年，念力全清絶點，精進力塵劫無怠，慧力摧邪顯正，定力須彌高固。

七覺支

念覺靈心不昧，捨法覺微細明了，精進覺已覺求覺，喜覺法樂禪悦，猗覺所覺無覺，定覺明明了了，捨覺離覺所覺。

八聖道支

正語心口相應，正業無非佛事，正命結使已除，正思惟斷妄想故，正方便不隨無爲，正念心無異緣，正定超諸神足，正見信業報故。

三解脱門

空解脱門空不見空，無相解脱門相不相見，無願解脱門願即無願。

菩薩十地

歡喜地證聖位故，離垢地身心清浄，發光地智已生明，焰慧地妙解廓照，現前地通達真俗，難勝地功行超越，遠行地隨方應化，不動地忍智自如，善慧地通力自在，法雲地大智圓明。

五眼

肉眼見内暗外，天眼内外俱明，慧眼照了諸相，法眼觀機設教，佛眼普觀法界。

六通

天眼通徹視大千，天耳通洞聽十方，他心通悉知種類，宿命通達三世事，神境通形無質礙，如意通任運自在。

十力

一是處非處如實力善行惡行，二知三世報業力報果分明，三知諸禪解脱三昧力明了正定，四知衆生諸根上下力了知界性，五知衆生種種欲力知相所樂，六知世間種種姓力定不定性，七知一切道至力道禪定境，八得夙命智力古即是今，九得天眼能觀一切力不見一法，十得漏盡智力薪盡火滅。

四無畏

法無所畏作師子吼，漏盡無所畏何所屈撓，説障道無所畏能破邪惑，説道無所畏決定如是。

四無礙解

詞無礙口海波濤，辯無礙應作是説，法無礙義無不了，義無礙法無不通。

四攝法

大慈廣攝物故，大悲廣拔苦故，大喜廣與樂故，大捨廣施慧故。

十八不共法

一身無失行無不規，二口無失言無不法，三意無失念無不正，四無異想正信直，五無不定心動而常静，六無不知已捨善惡諸法，七欲無減不厭小善，八精進無減動静平等，九念無減澄湛等心，十慧無減平實明了，十一解脱無減縛脱無二，十二智見無減遍知普見，十三身業隨智慧行，十四口業隨智慧行，十五意業隨智慧行，十六過去無不了所修所行，十七未來無不知所記所報，十八現在無不見現受現報。

無忘失法證無漏性，恒住捨性虚凝湛寂，一切智無所不了，道相智了無所了，一切相智了了無了，一切陀羅尼門總持妙性，一切三摩地門正心正受。

四果

預流果須陀洹也，一來果斯陀含也，不來果阿那含也，無生果阿羅漢也。

獨覺菩薩自悟本智，一切菩薩摩訶薩行自覺覺他，諸佛無上正等菩提因圓果滿，我者起我、我所，生者如父有子，壽者命根成就，命者能舉事故，有情者蘊和合生，養育者因緣故長，衆數者諸法有數，作者手足能所，使作者力能役他，起者作後世業，使起者亦令他作，受者苦樂果現，使受者厭苦厭樂，見者目睹色像，知者五識知名。

放光般若經

《放光般若經》，二十卷，共十九品，與前《大般若》同本，西晉于闐國三藏無羅叉譯也。

菜　十卷

放光般若經

一、《放光品》，如來入等持三昧，放光照十方世界，故立品題。

《無見品》，行般若，不見有菩薩，不見字，不見生，不見滅等法。

《假名品》，菩薩者，但有字，佛亦字耳，般若亦字耳，五蘊者亦字耳，吾我亦字。

二、《無眼品》，肉眼、天眼、慧眼、法眼、佛眼，廣説行相。

《五通品》，天眼通徹視，天耳通徹聽，他心通遍知，夙命通明了，神境通自在。

《授決品》，三萬比丘，六萬天子，生阿閦如來國中，授記成佛。

《妙度品》，大度、上度、妙度、無上尊度、辯才之度、無等度、空度、無相度等也。

《舌相光品》，如來舌上放光，普覆三千大千，蒙光者獲利。

《行品》，一切法從久遠劫來，但行其字。行般若等法，亦不具行。

《學品》，欲成一切善法，當學般若。欲成一切惡法，當學般若。

《本無品》，一切法終始不得其名字，故云本無。

三、《空行品》，般若五蘊等法，行相空無。

《問幻品》，人問幻人行布施等法，我云何答也。

《了本品》，無句義，是句義，了般若空。

《摩訶品》，於諸妄見悉斷，故名摩訶。

《僧那品》，普爲衆生，作諸苦行，行布施等行，成僧那僧涅也。

《摩訶衍品》，乘於大乘，能爲有情轉妙法輪，成一切智。

《僧那僧涅品》，何等菩薩名僧那僧涅，能行布施等諸法空名也。

四、《問摩訶衍品》，此云大。行布施等法，回向菩提，與衆生共成百千三昧。

《陀鄰尼品》，行品意止，觀身、觀他身、觀内外身已，亦無身，亦無所倚，然四十二字密語云耳。

《治地品》，從一地至一地，但治住地事，亦不見地。一一地中，一一成就事相。
《問出衍品》，所出衍中，當作何所？當出三界住無所倚也。
五、《歎衍品》，摩訶衍者，出諸天上。衍與空等，不見來去。衍與空等品如是如是。實與空等，猶如虚空，亦不知東西南北四維上下等也。
《合聚品》，衍與一切善法佛法共合集，於般若中不可得。
《三際品》，無有端緒，無有邊際，亦無有底，諸法皆然。
《問觀品》，行般若時，何等觀諸法？觀色法皆空。
六、《無住品》，佛無所住，一切法亦無所住。
《如幻品》，説者、聽者，皆如夢幻。
《雨法雨品》，爲雨法雨，我作花散佛上。
《歎品》，諸天歎言，所説快哉。佛現神力，能演是教。
《降衆生品》，受持般若，教授衆生，成就一切諸善法故。
七、《守行品》，於深般若習行守者，諸難不侵。
《供養品》，習行守者，更能供養疾證菩提。
《持品》，受持般若，諸餘惡法悉當消滅。

《遣異道十品》，外道來至，求佛過失。天念般若，便即順去。
《無二品》，何以獨稱般若，不歎諸法？以無二故耳。
八、《功德品》，瞻部有情皆修十善，不如般若。
《勸助品》，勸助福佐，共證菩提，不如般若功力大也。
九、《照明品》，般若作照明，至清浄無點污故等。
《泥犁品》，拒逆般若，永墮泥犁，斷善法罪故。
《明浄品》，浄爲甚深五陰，等浄故，常浄故。
《無作品》，般若爲何所作？答云：「無有作者。」
十、《等品》，般若與諸法等，以無際故。
《真知識品》，般若過耳，已遇佛與真知識相，何況受授。
《覺魔品》，辯不即生兩不和合等相也。

重 十卷

放光般若經

十一、《不和合品》，樂聽無説，樂説無聽。

《大明品》，般若爲世間大明，佛眼常在。
《無相品》，般若以何爲相？空即是相，無相無願是相。
《大事興品》，甚深般若爲大事興，無與等者。
《譬喻品》，大海中船能濟度人，般若亦復如是。
十二、《隨真知識品》，若學般若，隨真知識。
《解深品》，解深般若，當至何趣？當至薩婆若。
《歎深品》，諸天歎言：「般若甚深，難曉難了難知。」
《阿惟越致品》，以何相貌，知是此也。於諸果位，盡是一如。一無有二，等故得名。
十三、《堅固品》，魔説空等法，如何可辨。若聞此言，便當覺知。
《甚深品》，深奥之處，説甚深空無相無願。
《夢中行品》，夢中行空無相等，與日中亦無異無别。
《一恒伽調品》，以花散佛，結成寶臺，授記爲金花如來時，説是般若也。
十四、《問相行願品》，以云何行，云何入？行般若時，觀五藴等空。
《阿惟越致相品》，夢中不近諸賢聖，不視諸法，如夢幻等，是名相也。
《釋提桓因品》，聞是般若，書持學者，已具足功德。佛言：如是如是。

十五、《親近品》，已發意者，當親近之。
《牢固品》，行般若者，爲行不堅固。何以故？無牢固故，亦無不牢固。
《囑累品》，廣作佛事，不如流通般若，其福無等。
《無盡品》，般若不可盡，而陰等法亦不可盡。
《相攝品》，布施等六行，相攝引成菩薩行。
《問等學品》，等所應學者，當學等。
十六、《漚惒品》，行漚惒拘舍羅，此云善巧方便。不可計劫，具足諸行，成無上道。
《種樹品》，空中種樹，不爲難。爲衆生發菩提心，最爲難。
《菩薩行品》，爲在何處行？於五陰行，内空外空行，一切法處行。
《當得真善知識品》，欲成就逮薩云若及諸善法，須得真善知識。
十七、《教化衆生品》，從初發意行諸善法，皆爲教化一切有情。
《無堅要品》，佛形無比堅要，故無堅要者爲無所有。
《無倚相品》，有倚相者不得逮覺，無倚相者速成菩提，則無所倚。
《無有相品》，五蘊無相，一切法皆無有相。無所有相者，則一相也。故無相也。
十八、《住二品》，行於般若，住於二空。廣行諸行，而無所著。

《超越法相品》，譬如幻化，無五陰行，一切無漏、無礙、無道、無是也。
《信本際品》，信真際故，念般若真際故，及衆生際等無有異，建立真際亦不分別等也。
十九、《無形品》，五陰等一切法，無形無有可習。
《建立品》，修種種行，得成菩提，甫當建立三乘妙法，不隨惡趣。
《畢竟品》，爲畢竟，爲不畢竟？佛言：「不畢竟，於二乘畢竟，亦不畢竟。」
《分別品》，菩薩法、佛法，以一相應慧一切慧而得正覺，以是分別。
《有無品》，諸法所有無所有，非佛所作，亦非菩薩羅漢等所作耳。
二十、《諸法等品》，以諸法等故，我言斷有佛無佛如及爾法性。
《諸法妙化品》，是諸法化誰所化耶？佛所化耶？菩薩聲聞所化耶？
《薩陀波崙品》，此云常啼，不惜身命，爲求般若，現在雷音佛所。
《法上品》，法上云：「如來者如如，無所起，不去不來，不動不生。」
《囑累品》，佛敕阿難，流布般若妙法。

摩訶般若經

《摩訶般若經》，二十七卷，計九十品，與《放光般若》及前第二會同本，姚秦羅什法師譯。

芥 九卷

摩訶般若經

一、《序品》，如來放光，照十方界。

《奉鉢品》，天王奉鉢，佛即受之。

二、《習應品》，一切諸法，但乃有名有字也。

二、《往生品》，何處没來生此間。

《五眼品》，肉眼、天眼等也。

《歎度品》，行六度等，度有情衆。

《舌相品》，舌放光照一切世界。

《三假品》，諸法名字，悉假施設。

三、《勸學品》，成就諸法，當學般若，乃得圓滿。

《集散品》，不得色集散，不得受、想等法集散。

《行相品》，若行色等行相，無方便善巧，但不作行相。

四、《幻學品》，幻人能學般若等法，其義如何？

《句義品》，無句義，是爲菩薩句義。
《金剛品》，發大心，如金剛不可壞，爲有情上首。
《樂説品》，説其所以，便説知者見者。
《辯才品》，我亦樂説，乘於大乘，爲利有情。
《乘乘品》，乘大乘，時乘般若，乘布施乘，於諸法乘等也。
五、《莊嚴品》，大莊嚴者，行於般若布施等法，皆大莊嚴。
《問乘品》，趣大乘，是乘，發何趣，至何處，在何處，誰乘之此大乘？
《廣乘品》，摩訶衍内，身中循身觀亦無身覺，以不可得等。
六、《發趣品》，大乘發趣一地，至一切地。
《出到品》，是乘從三界中，至薩婆若中住。
《勝出品》，超勝一切天人等法，如虚空等，含容包遍。
《等空品》，摩訶衍與虚，空等無有邊量涯際也。
七、《會宗品》，摩訶衍皆隨般若布施等行。
《十無品》，一切諸法畢竟無故，如色無色性，無前際，無後際，無中際，法無佛無等義。
《無生品》，何等是菩薩，何等是般若？作如是觀，畢竟無生。

《問住品》，諸天人問般若，畢竟當時於何住？無所住也。
八、《幻聽品》，諸天子言：「如幻化，聽説般若，無説無聽。」
《三歎品》，諸天云：「快哉，快哉，快説是法。」
《滅净品》，學般若故，滅諸諍法，成就一切善法故耳。
九、《大明品》，受持般若，能除一切刀箭，是大明咒。
《述成品》，一切智智，一切善法，般若中生。
《勸持品》，天帝勸諸天，受持般若，增益天衆，損減修羅。
《遺異品》，外道至會，求佛過失，諸天誦念般若，外道自歸依而去也。
《尊導品》，不稱諸法，唯讚般若，爲尊、爲導、爲妙、爲上也。

薑 九卷

摩訶般若經

十、《法稱品》，供養舍利福聚，不如般若。
《法施品》，教瞻部洲住十善道，不如般若。
十一、《隨喜品》，隨喜般若福，與一切衆生，共回向菩提，利樂有情。

《照明品》，般若爲一切世間光明，照了諸法。

《信毁品》，信受般若，何處没來生此間等。

十二、《歡浄品》，是浄甚深，佛言：「畢竟浄故，不可得故。」

《無作品》，般若無邊、無等、無作，空故、離故。

十三、《聞持品》，名字過耳者，曾經佛所作大功德，何況受持？

《魔事品》，求於佛道，生於留難，説聽師資各不和合。

十四、《雨過品》，説者勤樂，聽者懈怠，二心不和，多爲魔事。如母生子，般若生育我等。

《問相品》，般若何相？空相是相。

十五、《成辦品》，般若能成辦世間出世間法故，譬喻猶如海中有船，能得渡故。

《知識品》，新學菩薩如何學般若？當於空處學。

《趣智品》，解深般若，當趣一切種智，一切智智也。

十六、《大好品》，色如智如相如，一切無二無别。

《不退品》，修行般若，於諸法無行、無相、無願，名不退。

十七、《堅固品》，魔爲説法，其心不動，故云堅固。

《深奥品》，般若深奥處者，空是其義。

《夢行品》，夢行空等，與晝無異無别。
十八、《河天品》，天女散花，授記作佛。
《不證品》，學般若時，觀色空，觀受、想、行、識空。
《夢誓品》，夢中亦不習聲聞、緣覺等法。

海 九卷

摩訶般若經

十九、《魔愁品》，若持般若，魔復大愁，猶如毒箭入心。
《等學品》，菩薩等法内空等，是等法也。
《净願品》，學般若等法，已出有情上，何況得正等覺般若等法？無真實不可得，何況真實法耶？
二十、《累教品》，如汝所説，實皆隨順等。
《無盡品》，虚空不可盡，般若不可盡，色亦不可盡。
《攝五品》，般若能於布施、净戒、安忍等五行，故得成就也。
二十一、《方便品》，能成就者，發意以來，經無量劫，聞《般若經》。

《三慧品》，云何修，又云何行般若等？不堅實，故應行。

二十二、《道樹品》，空中種樹，甚爲難。爲衆生求正覺，又復甚難。

《道行品》，行何等行爲菩提行？行色空，行受等空。

《三善品》，供養於佛，種諸善根，須得真知識。

《遍學品》，智慧成就，行是甚深法，色性中不動故，受等性空不動故。

二十三、《三次品》，修漸次學，作漸次業，行漸次行，得忍、得道、得證。

《一念品》，種種腦亂，學般若人，不生一念嗔心。

《六喻品》，六度中，六種行相廣利有情，喻所不及。何以故？皆與空等。

二十四、《四攝品》，布施攝取之，愛語利行同事攝化。

《善達品》，達諸法相，如化人，不行色等有爲無爲等，不生分别也。

二十五、《實際品》，般若際、衆生際、菩薩際，畢竟無異故。

《具足品》，以方便故，行布施等諸法，是爲具足菩薩道。

二十六、《净土品》，行布施等，是大莊嚴，以净佛土。

《畢定品》，畢定，非不畢定，亦畢定亦不畢定。聲聞、辟支畢定，佛畢定。

《差别品》，菩薩、佛，亦無差别，何以故？空相中無差别之異。

《七譬品》，非佛，非辟支佛，非羅漢，非阿含等。非向道人，非得果人，非菩薩等，所作皆如夢幻。
《平等品》，無所有中，無垢無净。有所有中，亦無垢無净。
《如化品》，若化人作化人，是化有實否？諸法平等，故如化耶。
二十七、《常啼品》，求般若，當如薩波崙也。
《法尚品》，爲説般若，佛無所來，無所去，無所住。
《囑累品》，佛敕阿難，廣爲流布般若，無令斷絶。

光讚般若經

《光讚般若經》，十卷，計一十七品，與《大般若》第二會同本，西晉三藏竺法護譯也。

鹹 七卷

光讚般若經

一、《光讚品》，如來入定意王三昧放光，十方諸佛各伸讚歎以。
《順空品》，天王奉鉢，願聞般若。

二、《行空品》，行般若時，了諸法空。

《歎品》，讃歎般若，太度無極，微妙第一。

《授決品》，如來舌相放光，蒙照者乃授記。

《分別空品》，須菩提爲諸菩薩演説般若耶。

三、《了空品》，了知諸法，當學般若波羅蜜。

《假號品》，一切諸佛法，但有名有字耳。

四、《行品》，行般若時，行色等法，行受、想等。

《法幻品》，幻人來問，幻人修布施等，我云何答。

五、《摩訶薩品》，無句義是菩薩句義等。

《無等品》，不見一切法，是菩薩無與等。

《大乘品》，被大乘鎧，能利有情，乘等正覺。

六、《乘大乘品》，誰是能乘大乘者？

《無縛品》，行於諸行，俱無解解。

《三昧品》，衍從何生？誰成衍者也。

七、《觀品》，觀身觀法，觀色等法。

《十住品》，宣説十地行法，而令安住。

河 八卷

八、《所因出衍品》，從三界出，薩婆若住而住。
《無去來品》，摩訶衍不見來，不見去，不見住。
《衍與空等品》，衍與空等，與色等，與受、想、行、識等，與内空等。
九、《分曼陀尼弗品》，舍利子問佛：「衍與般若如何？」佛云：「悉皆隨順等」。
《三世品》，不念過去、未來、現在，諸法不可得。
《觀行品》，觀諸法行，悉能曉了。
十、《問品》，諸天集問般若妙法。
《法師如幻品》，説者聽者，皆如幻化。
《雨法寶品》，爲雨法寶，利益人天等。

摩訶般若鈔經

《摩訶般若鈔經》，五卷，共十三品，與《小品》《道行》二《般若》同本，竺佛念譯也。

一、《道行品》，成菩薩道，行諸法空。《問品》，諸天來集，共問般若妙法也。二、《功德品》，所説般若，佛從中生。若有受持，我等恭敬護助等。三、《善權品》，權助爲福而作功德。《地獄品》，不信般若，當墮地獄。甚深般若，是諸佛眼。《清净品》，色清净，受、想等法清净故。四、《本無品》，諸法無相，如空等耳。《恒架調優婆夷品》，佛爲説法，令悟般若，即以天花散佛蒙授記。五、《守空品》，云何爲空？所作不貪。《遠離品》，諸法與般若不相遠離。《知識品》，若學般若，迎真知識。《釋提桓因品》，天帝釋讚般若，願欲流通。

道行般若經

《道行般若經》，十卷，三十品，與前《大般若》第四會同本，後漢月支過三藏支婁迦讖譯也。

淡　十卷

道行般若經

一、《道行品》，從般若中學，行菩薩道。

《難問品》，諸天共集，同問般若爲難故。

二、《功德品》，受持此經，諸天及人咸感恭敬故。

三、《漚惒俱舍羅勸助品》，勸助爲福，乃至成佛。不如般若，以佛從中生故。

《泥犁品》，不信般若，墮諸惡趣。

《清净品》，諸法清净故，色清净，受、想、行、識等清净，一切法亦然矣。

四、《歎品》，彌勒成佛，當如何説？

《持品》，持是般若，事無量佛。

《覺品》，若有魔來，爲留難者，當須自覺，魔自然消滅也。

五、《照明品》，般若出現，爲世照明也。

《不可計品》，般若極大，究竟不可量，不可計。

《喻品》，如大巨海，有舩可渡。

六、《分別品》，學般若人，當從知識速成正覺。
《本無品》，諸法悉皆無所著故。
《阿惟越致品》，此云不退。何以知其行相狀貌了諸法空？
《恒竭優婆夷品》，何等爲深空？爲深無相無願。
七、《守空品》，何等爲守空三昧？當觀一心，不見法，不作證。
《遠離品》，夢中亦不近修聲聞等法。
《知識品》，教學般若，是真知識。
八、《釋提桓因品》，此云能作。甚深般若，難解難了。
《貢高品》，學行般若，弊魔愁毒。
《學品》，學般若無常。
《守行品》，守行般若，天人來敬。
《强弱品》，佛所聞事，爲無有高下。
九、《累教品》，作是立者，無有能過。爲如佛立，當隨般若。
《隨品》，隨般若教，當如虚空。
《薩陀波崘品》，如求般若，當學常啼也。

十、《曇無竭品》，或云法涌，或云法尚，或云法上。爲常啼説般若。

《囑累品》，如來付授阿難宣説此經，令佛眼照明世間不斷。

小品般若經

《小品般若經》，十卷，二十九品。如來異時適化廣略之説，天竺謂之《中品般若》也。羅什法師譯，僧叡作序。

鱗 十卷

小品般若經

一、《序品》，佛令善現爲説般若。

《釋提桓因品》，諸天集會，同共問法。以宿願故，聞甚深義。

二、《塔品》，有此經處，如佛塔故。

《明咒品》，是大明咒，是無上咒。

《舍利品》，供養舍利，不如般若福聚。

三、《佐助品》，諸天護持學般若人。

《回向品》，菩薩所有善根，共有情向佛菩提。
《泥犁品》，不信般若，當墮惡趣也。
四、《歎净品》，般若諸法，畢竟净故。
《不可思議品》，甚深般若，不可思議也。
五、《魔事品》，説聽魔事卒生，俱不和合。
《小如品》，少智少信，不樂大法，爲魔所攝。
《相無相品》，諸法無相，即是一相。
《船喻品》，海中有船，可以得渡也。
六、《大如品》，如來如，一切法如，皆如也。
《阿惟越致品》，不著一切法，本來空寂故也。
七、《深功德品》，甚深般若，成就廣大功德。
《恒伽提婆品》，天女以花散佛，即蒙授記。
《阿毗跋致覺魔品》，深持般若，魔不得便。
八、《深心求菩提品》，行深般若，求佛正覺。
《恭敬菩薩品》，學般若人，天龍恭敬。

《無慳煩惱品》，不生慳心，不生煩惱心，不生破戒心，生智慧心。
九、《稱揚菩薩品》，入深般若，諸天稱讚。
《囑累品》，聞般若人，皆當成佛，各授記已。
《見阿閦佛品》，會中比丘，皆生佛國。
《隨知品》，法無差別，般若如是。法無可得，般若如是。
十、《薩陀波崘品》，《曇無竭品》，《付囑品》，皆如前義也。

大明度經

《大明度經》，六卷，共三十品，與前第二會同本，吳月支優婆塞支謙譯。

潛 十三卷

《大明度經》六卷

一、《行品》，善業即善現也，大明度即大般若智度諸有情也，無極則般若無上也。欲行大道，即行大智慧，爲成佛正因。

二、《天帝品》，諸天來問甚深般若，即明度也。

《持品》，受持明度無極，我等恭敬。
《功德品》，若持明度，成就功德，超勝一切變謀。
《明慧品》，行布施等法，得明度方得圓滿。
三、《地獄品》，自歸明度，無度布施等法。若無明度，如盲入地獄。
《清净品》，少曉明度無極，即五陰清净。
《悉持品》，聞明度者，見百千佛。
《覺邪品》，欲學明度心不喜者，覺其魔生。
《照明十方品》，明度無極出現世間，爲大照明作佛眼故，利益有情故。
四、《不可計品》，明度無等，不可計量等。
《譬喻品》，明度如船，能渡海故。
《分别品》，明度與一切法，悉無差别。
《本無品》，明度本空，與空等也。
《不退轉品》，能行明度，亦無所著，爲不退轉。
《恒伽清信女品》，聞説明度，以花散佛也。
五、《遠離品》，學明度，遠離聲聞等地也。

《善友品》，欲學明度，當得善友。
《天帝品》，聞是明度，不能曉了。
《貢高品》，修行明度，魔即愁苦。
《學品》，成就善法，須學明度。
《守行品》，若能守行明度，速成正覺。
《强弱品》，於此明度，不見高下。
《不盡品》，諸法不盡，明度亦不盡。
《累教品》，作是明度，無有過者。
《隨品》，諸法無異，明度如是，明度亦能隨諸法成就諸善法。
六、《曾慈闓士品》，即常啼也。
《法來闓士品》，即法涌也。

勝天王般若經

《勝天王般若經》，七卷，與前六會《般若》同本，陳優尼禪國王子月婆首那譯。
一、《通達品》，如來面門放光，天王問通達般若。

《顯相品》，般若以何爲相？無相是相，空是相等。
二、《法界品》，如何通達甚深法界。
《念度品》，念身受心法觀照也。
三、《法性品》，如來法性不思議。
四、《平等品》，法性平等。何爲平等？不生不滅故。
《現相品》，通達法性，示現降魔等相也。
五、《無所得品》，我昔授記，皆如夢如幻等。
《證勸品》，過去寶王佛所，曾聞是般若。
六、《述德品》，文殊問天王，事幾佛能如是對揚般若？
《現化品》，如來所造化佛，更能化不？
《陀羅尼品》，如來所説不入陀羅尼等一切妙法。
《勸誡品》，文殊云：「頗有衆生，來世信此法不？」天王一一答之。
《一行品》，佛告天王：「從初發心至成正覺，無二心故。」
《付囑品》，佛敕慶喜，流布般若。

文殊般若經

《文殊般若經》，兩譯共三卷，與前第十會《般若》同本。

金剛般若經

《金剛般若經》，六代譯爲六卷，皆同本。爲什法師所譯者，盛行天下也。

般若心經　大明咒經

《般若心經》《大明咒經》，兩譯二卷同本，唯唐奘法師譯盛行世也。

實相般若經

《實相般若經》，一卷，與前第十會同本，唐天后朝菩提流志譯。如來爲金剛手菩薩說十四段經，每一段說一神咒。其咒曰：「唵唵憾咭唎恒纜阿阿監唵荷頡唎底唎驃莎訶。」其餘可知耳。

仁王般若經

《仁王般若經》，一卷，計七品，姚秦三藏羅什法師譯。

一、《序品》，如來在王舍城，大衆集時，入大寂三昧，光照十方。十六國王俱來，波斯匿王作樂供佛。

《觀空品》，波斯匿王，此云勝軍，問佛：「云何護佛果？云何護十地行？」佛言：「不觀色如，受、想、行、識如，常樂我净如，六度四攝如，二諦如。」

《教化品》，王問：「云何行可行，以化衆生？何相可化？」佛言：「五忍是菩薩法。伏忍、信忍、順忍、無生忍、寂滅忍，是修般若也。」

《二諦品》，王問：「第一義中，有世諦不？若言無者，智不應二。若言有者，智不應一。一二之義，其事云何？」佛云：「汝過去七佛時，已問此一義二義。汝今無聽，我今無説。無聽無説，即爲一義二義。汝今諦聽，善思念之而説偈，然於第一義中，常照二諦。以佛及衆生，一而無二。以本空故，而乃爲妙義也。」

二、《護國品》，佛言：「國有灾難，供百佛僧，百菩薩像，百羅漢像，百比丘衆，請百法師講《般若》，作百師子吼，燃百燈燭，燒百和香，排百種花，供三寶四衆，共會灾害，自然消滅。如班足王，遇普明王誦《般若》，九百九十九王，悉免害悟法，出家得道。」

《散花品》，王聞法歡喜，以寶花散佛，結成花臺。佛以神力，一花入無量花，無量花入一花。一佛土入無量佛土，無量佛土乃至無量世界入一毛孔等妙義。

《受持品》，王見神變，思念受持《般若》，佛一一爲王説諸法妙理，至趣開悟。

濡首菩薩經

《濡首菩薩經》，二卷，與前第八會《般若》同本，沙門翔公譯也。

一、濡首謂英首曰：「法身煩乎？」答曰：「法身無處無像。」英首曰：「仁者了法身乎？」曰：「無了不了。」曰：「有内外中間乎？」曰：「本無處所，都無法身。」曰：「無上無比。」佛言：「善哉，清净法身耶。」

二、龍首謂濡首曰：「可東行分衛。」曰：「幻化野馬，寧有東西南北乎？」曰：「人前不能衍，況有所説，以其諸辯妙義從尊所問。」

右八部《般若》，謂《大品》《小品》，則《般若》廣略之説也。《光讚》《放光》，則《般若》緣起之相也。《摩訶》《道行》，則《般若》義趣之稱也。《實相》《理趣》，則《般若》智行之要也。《文殊》《濡首》，則《般若》分衛之道也。《金剛》《心經》，則要樞之體也。《仁王》《天王》，則《般若》

揚義之宗也。《明度》《明咒》，則《般若》秘密之功也。若總而言，不出八十科之旨也。且所録者，於第一會四百卷七十九品，則卷卷撮例，品品標義。其餘别部别會，或名同品異，或名異品同，不一一録。例止於逐部逐卷中，品下注一句兩句，分辨義意。照於前後品中，會通乎廣例廣義也。如要見具足緣起行相，則看所標卷，次義例關對，函帙則可知也。

大寶積經

《大寶積經》，唐先天中，南天竺三藏菩提流志譯。流志譯二十六會，前後法師譯二十三會。流志勘同梵本，依次編成一百二十卷，共四十九會。其所標題者，以如來坐大妙寶蓮花座，十億摩尼寶及無量寶，以爲莊嚴。所説法要，亦如摩尼大寶，瑩凈圓明。又聚其多會，成此一部聖典，故約義約喻立題耳。

大簡小爲義 寶衆愛爲義 積廣多爲義 經貫穿爲義。

翔 十卷

《大寶積經三律儀會》三卷

一、如來在耆闍崛山，聲聞菩薩龍天集會。迦葉問：「力無畏法，何法而修？諸如來道，何法增長？無上佛果，何法而證？」佛言：「無有少法，爲其可得。種諸善根，而證菩提。何以故？若執著一切法，無由得道，及離一切惡法律儀也。」

二、佛爲迦葉言：「不修實行，不攝律儀，諸有所爲，與俗無別，於佛法律而生違背。遠離此等，當求一法，所謂一切法悉無所有。我説此法，今尚不信，我滅度後，諸惡比丘住三法中。所謂醫道販易近女人，由此退失諸善法故。」佛一一爲説出生破律等惡。

三、佛告迦葉：「於一切法，心無所住。若執著蘊等想者，皆非比丘。修無漏者，出家菩薩。有三種修，求一切智，不墮本業，堅持五戒。復有二法，障母、障妻、障己。不聞正法，不見僧，皆獲罪報。復有三法速成正覺，乃勸父母生信心，持戒，捨施。」佛乃一一爲説在家三法，略此，例之也。

《無邊莊嚴會》四卷

四、無上陀羅尼菩薩問清淨願力，方便善巧。佛言：「知佛秘語，受持思惟，如理觀察，無不清淨。陀羅尼者，阿字爲初，荷字爲後。此第一義句即是如來非句之句。句清淨句無有少法可證可入。廣演法門，檢而乃可見也。」

五、佛言：「了眼、耳、鼻、舌、身、意等法，皆陀羅尼。如來行無所得，亦非不行，亦應不説，行如實行。何以故？無有少法，説名如來耶。」

六、佛説出離陀羅尼。云何出離？佛言：「一切法悉入其中。云何名入？以平等故。一切諸法皆入平等，能成一切諸善法故。」

七、佛説清净陀羅尼。令諸説者，六根清净，助其語業。然前後卷中，皆説清净陀羅尼神咒。

《密迹金剛會》七卷

八、佛稱菩薩清净名號。密迹讚歎，寂意菩薩問曰：「所云二事業得如來慧？」默然不答。佛敕宣揚密迹曰：「有菩薩密，如來如來秘要。何謂有身密、語密、意密？身密者，寂然淡薄，律儀禮節，利樂有情。昔浮提國衆生饑餓，天帝化爲仁良蟲，以身肉濟饑衆生，更爲説法。語密者，其言清净，隨衆生類，所説真實，無有虚誑言行相應。」

九、神仙梵志計其樹葉根枝，皆知其數。何謂心密？心行清净，不失神通。行四意止，無念無意。一心無二，深達法忍。説此法時，人天歡喜。皆作是念：「修幾劫來得如是辯？」佛説過去佛所，輪王千子，願弘諸兄成道，最後成佛。我當第四密迹，最後樓至如來。

十、密迹説：「如來身密，於斯無所思想。普現一切威儀禮節，自喜經行，現諸相好。思夷華佛所，應持菩薩來觀佛身相。上至百億恒沙界蓮華佛土，不見頂相。如來口密講演布散無限義理，常在定中，無所思念。出六十四種清净妙音，隨一切機宣布法化。目連過西方九十九億恒沙界光明佛土，聞如來音，亦如對面。彼聖衆觀目連，如小蟲兒行鉢上也。」

龍　十卷

大寶積經

十一、何謂如來心密？其業清净，以一識慧，壽八萬四千劫。又其神識不轉不變，乃至定意心，無合無散，無遊無護。次説如來苦行、成道、受孔、受草、登坐、放光、説法等義也。

十二、佛轉妙法輪，爲説身無身、語無語、心無心。種種演説，乃授密迹記，當來成佛，名金剛布如來，化王殊勝等也。

十三、密迹授決，請佛至宫，廣陳供養。四天王衆皆來集會，佛爲説諸法，如萬物皆無常，諸法皆無我，有皆歸空，受皆爲苦毒。天王等衆聞法，各言護法護持國土，佛亦再爲宣揚法門也。

十四、阿闍世王思念其杵重之幾何，密迹即放地上令舉，目連盡其神力，亦不能動。佛敕自舉，密迹持之，虚空往返。闍世讚其神力，寂意、賢王二菩薩，各説法要。因地已曾流通此之妙法，如來復爲王等，一一稱揚秘要之法也。

《净居天子會》二卷

十五、净居天衆，同到佛所，欲問所行相貌。會中金剛摧菩薩爲請問。佛説一百八夢境，自夢見如來身。如來默然，背足語，乃至自夢得滿瓶。又爲解説其應感自如來身至夢，自病各説其相也。

十六、自夢被縛解四十餘夢，會中聞者皆得法眼净。

《無量壽如來會》二卷

十七、阿難問佛：「入大寂定，行如來行，何故過去未來皆人斯義？」佛言：「過去定光佛前，無數佛出現。最初自在王如來，是佛法中有法處比丘。發菩提心，求净佛土，即於佛前説四十八願：如我土中，有三惡道，有雜穢，有女人，有淫慾，有不發菩提心者，我不取正覺也。」

十八、佛説佛土殊勝之相，無量無邊。及説觀音、勢至殊勝妙德，又爲阿難、彌勒看佛土中水鳥樹林，皆演法音也。

《不動如來會》二卷

十九、舍利弗問清净光明廣大甲冑，如來説，廣目佛時，有一比丘，發菩提心，不被貪嗔等法之所動揺。廣目佛記爲不動如來，國名妙喜，現在東北方，成等正覺，爲諸人天演説妙法，作勝妙事。等義也。

二十、佛説不動佛界諸菩薩衆及彼人天，并説涅槃相分布舍利，及法住世，願生彼佛國土因緣相分。

師 十卷

《大寶積經被甲莊嚴會》二卷

二十一、無邊慧問，佛以偈答。復問：「何等丈夫遠離怖畏，一心正念，爲諸衆生被大甲冑？」佛言：「爲無上等覺被大甲冑，爲諸衆生布施清浄被大甲冑，持戒、安忍等一切諸法清浄故被大甲冑，乃至廣説。」

二十二、我念往昔修菩薩行時，被如是甲冑，乘於大乘，不生分別，平等知見，於八正道等諸法，如理觀察。被此甲冑，得出三界，而證菩提。如此甲冑，皆以慧爲先導。

二十三、甲冑境界，大乘境界，道場境界，有無量無邊甲冑。過去有佛，光明如來時，有輪王詣佛所，佛即告云：「大王應被無上甲冑，乘於大乘，證佛果位。」王聞是已，捨位出家，爲一切義成。比丘聞種種法，修種種行，蒙記成佛也。

二十四、無邊慧，如是觀察，得法光明，不於空中而見於空，亦不離空中而見空。不以無相見無相，亦不以有相見有相。不於盡中而見盡。佛復爲勝慧言：「無少修行，無勝修行，不隨修行，不遍修行。勇猛軍輪王於遍照佛所，聞法光明法門，被甲冑，出家了諸法空，成等正覺也。」

二十五、我念月燈佛所，有雲音、無邊音二菩薩，得一切法，善巧安立，以無住而住，無處而住。授記次第成佛，復説海印三昧一切法印，無相印，無緣印，諸行印，善巧印，無名印，無邊印，無際印，言説印，自性印，和合印，虚空印，止息印，性空印，乃至百千法門印等也。

《法界體性會》二卷

二十六、寶上天子作念：「佛可令文殊演説於法。」佛知其念，即告文殊，可少説法。白佛云：「當説何法？」佛云：「説法界體性。」文殊曰：「一切諸法界，法界體性出法界外，無有所聞。云何因法界演説於法？」佛言：「憍慢衆生，若聞此法，生於驚怖。」文殊曰：「法界體性，無有驚怖。是驚怖者，即法界體性。」於是舍利弗與文殊辯論法界體性。有二百比丘聞其所説，若無解脱，我等出家，云何修道，便即起去。文殊化一比丘，與諸比丘論説文殊所演法界，各悟無漏，各以衣施。須菩提、阿難復問法界，文殊一一説其體性，與一切法悉無差别。寶上天子亦與辯説法界體性。

二十七、文殊覺了身見之體性，是佛出世。示現無明有愛體性，名佛出世。覺了貪嗔癡體性。示現顛倒體性，覺了諸見，示現陰界入等體性，皆名佛出世。天子一一問，文殊一一答，顯示一切諸法妙義。佛記寶上成佛，名寶莊嚴如來。波旬至佛所，文殊神力，魔不能去。即攝持令身相似如來，坐師子座説法界體性。文殊復以神力攝持舍利弗，亦如如來身相，與波旬辯記法界。聞者皆得無生法忍。付囑流通此法。

《大乘十法會》一卷

二十八、寶月光王問：「云何行大乘、住大乘？以何義名大乘？」佛言：「成就十法，名行住大乘。一信成就，信佛法故。二行成就，戒清净故。三性成就，慈悲喜故。四樂菩提心，廣益有情故。五樂法者，勤聞正法故。六觀正法行，了諸法空故。七觀法順，法順世出世故。八除大慢，不恃己勝故。九了秘密教，示現十過故。十不修聲聞等地，遥趣正覺故。一一廣説行相也。」

《文殊普門會》一卷

二十九、普花如來令無垢藏手持千葉蓮花上佛，文殊請説普入不思議法門。佛言：「欲學此法，當修學諸三昧門。所謂色根三昧，聲、香、味、觸、意，男、女、、天龍、夜叉、乹闥、阿修、緊那迦樓、摩睺、地獄、畜生、貪嗔癡、善不善等相三昧。佛復於一一三昧，各説一偈。會中聞者皆悟得無生法忍，波旬來至愁惱，佛爲説法即隱。」

《出現光明會》五卷

三十、月光童子問：「如來昔修何業，得如是決定光明攝取，乃至色相光明？」佛以偈答，謂此光明，從布施、持戒、忍辱、精進、禪定、智慧諸善法中出生。種種行薰修所生，復云「我有光明名無表」等偈，一一聞其名，得其法也。

火 十卷

大寶積經

三十一、佛以偈演，昔持戒了眼耳等諸法，六十四種善根，得是光明。月光以偈讚佛，亦願行，是行得是光。佛即微笑，人天大衆亦各瞻仰。

三十二、彌勒以偈問佛微笑因緣，佛以偈答，復以金色手摩月光頂，爲説偈讚月光。次日請佛入城，大地震動。受供養時，空中出聲，以偈讚佛。

三十三、佛入城時，無量衆生各了眼耳等一切諸法邊際無性性空，如實了知，成諸法智。

三十四、佛入城中，以神通力，於虛空中，出微妙音，説陀羅尼，令獲無量法眼。佛即入月光宮，受食訖，爲説八十種資糧行法，遠離八十種惡法。

《菩薩藏會》二十卷

三十五、《開化長者品》，賢守長者五百人等將詣佛所，值佛入城，以偈讚佛，欲求解脱。佛説世間衆生，有十苦事，如生等。十惱害事，如不作饒益等。十惡見、稠林十污迫、十愛纏、十毒箭、十邪命、十不善、十污染、十纏縛。我見是事，爲衆生故，求菩提道。復爲長者等説其解脱，不於眼、耳、鼻、舌、身、意等諸法中求解脱。

三十六、《金毗羅天授記品》，以上妙供，奉佛聞法，記爲醫王如來。復以神力，修治靈鷲山路。諸聽者悉來，唯迦葉在雪山未至。佛敕目連去請，令先來。及目連至，迦葉已先至佛所試驗。《菩薩品》，舍利弗問：「成就幾法，得身口意業無失，身口意業清净？幾法得身口意不動？」佛云：「成就一法。何謂一法？即菩提心也。」云何相狀，答之也。

三十七、《如來十不思議品》，一如來身不思議，能隨類故。二如來音聲不思議，能普遍故。三如來智不思議，如海故。四如來光不思議，映奪諸相故。五如來戒不思議，以净奇故。六如來神通不思議，難敵故。七如來力不思議，不屈伏故。八如來無畏不思議，能説障道法故。九如來大悲不思議，以菩提心廣故。十如來不共之法不思議，不同諸聲聞故。然廣説思議行相。

三十八、廣説如來不思議力及十力因緣義。

三十九、廣説如來不思議無所畏法義。

四十、廣説如來不思議不共法行相妙義。

帝 十卷

大寶積經

四十一、《四無量品》，大藴如來出現，爲輪王子多精進行。聞説大慈大悲、大喜大捨，乃如說而行，及説布施波羅蜜行。

四十二、尸羅波羅蜜多所持行相。

四十三、尸羅波羅蜜成就善根力，四種廣勝處法等行相也。

四十四、尸羅波羅蜜具足清浄，發起諸善想等。

四十五、羼提波羅蜜多諸行相法門，成就忍辱妙行等義。

四十六、毗梨耶波羅蜜安住大乘，發起勇猛也。

四十七、行精進行勇猛無倦，成就五種精進妙行。

四十八、精進行中，於諸衆生起病者想等也。

四十九、静慮波羅蜜多滅諸惡法，成就諸善法。

五十、行静慮行，得無退神通道力定境妙法也。

鳥 十卷

大寶積經

五十一、行般若波羅蜜多，爲求深極妙善清白覺慧等義也。

五十二、行般若行，依四依趣，諸法行相，皆成就故。

五十三、説般若行能成就世出世間一切諸善法，如覺道根力等也。

五十四、佛告舍利弗云：「我昔大蘊如來所聞四無量，六度行，財法二施等法，如説而行，不蒙授記。又經僧祇劫，寶性如來出世，我爲善慧長者，亦如是聞法而行，精勤供養親近，亦不蒙授記。復經僧祇劫，放光如來出現，我爲儒童迷伽，學外道法。蓮花城中，遇放光如來。就女人買五花奉佛，布髮掩泥，佛履我髮，授牟尼果記也。」

《佛爲阿難説胎藏會》一卷

五十五、入母胎藏，有多因緣。和合與不和合，净不净，隨所作業。凡在胎中，三十八箇七日而得出生。一如生酪，二如凝酥，三如藥杵，四如温石，五形體漸現，六現肘膝，七生手足，八現二十指，九現眼耳等，十如浮囊，十一身孔通，十二生腸胃，十三生饑渴想，十四生筋，十五生諸脉，十六諸孔出氣，十七眼等明净，十八諸根長，十九具三根，二十生諸骨，二十一生肉，二十二生血，二十三生皮，二十四生皮膚，二十五血肉增長，二十六生髮毛爪甲，二十七各隨善惡業苦相一一覺知，二十八生顛倒想，二十九現形色，三十毛爪增長，三十一至三十五人相具足，三十六生猒離想，三十七生五種惡想，三十八出生，出生後七日身中生八萬户蟲。

《佛説入胎藏會》二卷

五十六、佛化難陀出家，取佛鉢盛飯出門，而佛已去，遂親將至佛所。雖已出家，心著世事。

佛化嶮路，歸家不得。又令掃地，塵不能盡。又復閉門，閉即還開。從小路去，遇見如來，去樹下藏身。佛神力故，又藏不得。佛攝入香山看瞎獼猴，又攝去天宮看天女，復攝入地獄看一切苦相。乃發心求無上道，次爲説入胎藏因緣耶。

五十七、佛爲難陀廣説入胎不浄諸相，次説過去尸棄佛時施財浴佛及僧，報得身相端嚴。

《文殊授記會》三卷

五十八、佛持鉢入城，放百千光明，無量寶花結成花臺。菩薩説偈，讚佛功德。城中人民，皆發道意，摧過咎。菩薩問：「成就幾法，得成正覺。」佛云：「成就一法，所謂勝志樂菩提心。」聞此法已，得道授決，至王宮受供。阿闍世王問：「忿嗔煩惱，從何生？愚癡無智，從何滅？」佛云：「無生本無滅，以本無來去故。」如來復現光明，照十方界，各有佛處，各有菩薩詣佛，請問光明因緣，佛一一爲説。

五十九、佛敕彌勒嚴座，爲説往昔志樂所修，爲舍利弗等衆説菩提行法門。聞其法衆，佛與授記。時雷音菩薩問：「佛常稱讚文殊久，如得菩提記？」佛敕自問文殊，文殊曰：「我不見有菩提，當何可得？」佛説過去雷音如來，所有輪王普覆出家，發菩提心，授決成佛，名普見如來。爾時有二十億衆生隨逐普覆王，皆發正覺心也。

六十、雷音白文殊：「仁者具足十地圓滿佛法耶？」文殊曰：「我不見一法爲佛法，如何圓滿？我以無碍天眼普見十方，佛説種種願，如彌陀佛願。佛乃説成佛，名普見。若有聞其名者，皆得菩提。復説其佛刹報土，諸菩薩各説一相法門，得無生法忍。」

官 十卷

《大寶積經菩薩見實會》十六卷

六十一、浄飯王敕諸釋種，不得見佛。優陀夷比丘往現神變，各相説偈，顯佛功德。王即皈依，施食奉佛。

六十二、浄飯王嚴駕，同諸釋种，詣佛禮足，乃云：「此第三次禮佛足也，各各闻法得果無量。」修羅王質多爲首，請佛供養，現大神變，化無量供器，奏妙音樂，授記成佛，號曰善名佛也。

六十三、迦葉見阿修羅供佛思念：「往昔作何善根，有是果報？」佛言：「昔因因陀羅幢王佛所發心，一一佛所，一一承事。種一一善根，行一一精進。文殊高威德王佛所而至，所説真實無異。金翅鳥王衆，龍女衆，各各作無量妙供奉佛。馬勝比丘一一發問，如來一一爲其授記。」

六十四、諸龍王、難陀等衆，鳩槃茶衆，乹闥婆衆，亦各陳妙供，各説偈讚佛功德。佛亦微笑，馬勝爲問，佛爲授記。

六十五、夜叉衆、緊那羅王衆，各供養佛，各説偈讚佛。佛以妙偈演陀羅尼阿字法門，各記將來成佛。

六十六、八萬虚空行天，四天王衆，三十三夜摩天等衆，各如法供佛，説偈稱揚，如來亦各與授記佛國。

六十七、兜率天、化樂天、他化自在天、諸梵天等衆，亦如是供佛，亦如是讚佛。馬勝亦如是問，如來亦各與授記佛果。

六十八、光音天衆説阿字法門，遍净天等同授佛果記。

六十九、廣果天衆施供説陀羅尼，及説所修定境行相無量法門，佛即與授記。

七十、净居天子二百一天子等衆，各説一四句偈，讚如來殊勝功德，如云所愛妻子施，并捨所重身，乃至王位財。我禮檀越者，其餘偈各是一法門，如净戒安忍等妙義。

人 十卷

大寶積經

七十一、力生天子與三百天子衆，各説一偈四句，讚佛功德。

七十二、婆羅闍迦外道八千人，見諸天子蒙記聞法生信，來詣佛所問：「我法中，父母起貪入胎，佛説三緣和合如何？」佛云：「貪從父起耶？母起耶？識起耶？」然後一一爲説受生之相，以現今所習驗知，從何道中來？以習氣故。外道各各聞説歡喜，佛即記之。

七十三、佛爲浄飯王説六界相，内地界外地界相。水火風空識，皆有内外界。廣演成住壞空，現六界相，周遍無體。及六入等，亦各空無入三解脱門也。

七十四、佛爲浄飯王説六界等相差别，一一如夢中所見事，畢竟無實。了此六界、六入、六識體性本空，入三解脱門也。

七十五、佛説夢幻境界無有其實，畢竟無實。六根無滿無足，無來無去，夢識死生亦復如是。爲言過去輪王名無量稱，上去天宫，帝釋來迎，心即起貪，天宫住樂便即墜落，以證不足心過失也。

七十六、地天上頂生王彌尼王，皆爲輪王。上天宫，心意不足。樂貪天宫，即便墜落。佛爲浄飯王廣説是事，令父王不生放逸，不恃豪貴，不生貪著，不戀世樂。於是王與釋種，各各聞是法已，得法忍住，佛記當來各成正覺。

《富樓那會》一卷

七十七、富樓那問佛：「菩薩云何能集多聞修習多聞？」佛言：「猶如大海，無有滿足。」一一爲説四法能成就故，乃云過去光明佛滅後，法欲滅時，那羅延比丘、摩陀比丘，皆樂多聞，奉持教法。汝亦過去退失菩薩心，難障如此。爲近惡知識故不勤，爲人説法，持佛法故。

七十八、佛爲富樓那説，具足善根，成一起功德，須行慈悲喜捨，樂聞正法。過去樓馱健佛滅後，出家比丘，唯近白衣，貪著利養及與名聞。但爲出家快活，不事王役，不慕經法。王子出家，名尸利比丘，從牢固比丘聞法悟解，力持正法，利樂一起有情，遂成法化也。

七十九、佛爲目連説昔爲菩薩時，行大悲，一一行門演四法義。荒時化獸爲食，病時化醫療民。爲大力王行施，調達乞臂。忍辱仙時，調達將尿屎灌頭，種種相惱，不生一念嗔心，授記調達爲辟支佛。又爲地獄衆生代罪，化百千類身，爲利有情成無上道。象手比丘聞説難行事，毛豎流淚。若作如是，度盡一切衆生。今衆生未盡而取涅槃，是義云何？佛云：「汝以何法爲衆生耶？爲陰入等，爲衆生耶？」云云。

《護國菩薩會》三卷

八十、喜王菩薩讚佛竟，護國問佛：「修何等法，增長功德，到究竟處，入一起智？」佛言：「有四法：一真實心，二行於平等，三心念行空，四如説而行。」一一説四法，一一説偈。廣偈中，説因地百千種類現身受，不能受能受事也，如飼虎濟鷹等事。

皇　十卷

大寶積經

八十一、佛言：「我念無量僧祇劫前，有佛出世，名成利慧。時有輪王名焰意，王有子名福焰。時有净居天子報言有佛出世，當往親近。王子聞説，聞在何處。報云不遠，王子即詣佛所，焰意王亦來佛所，説偈讚佛。王子請佛，入城受供。佛爲説法，出家頭陀行，弘持佛法。王即無量壽，王子我身是，净居天子阿閦佛是。」

《郁伽長者會》一卷

八十二、郁伽同諸長者詣佛所，問在家戒德住家地等法。佛云：「行三皈依，持五戒、十戒，行慧施慈。於家宅眷屬生猒離想，於己身生不净想，於妻生毒蛇想等諸想，於子生冤家諸想。」聞是法已，各願出家，遂問出家利益。佛即説出家當處阿蘭若，學無爲等法。又説在家地法。郁伽長者願在家永護佛法，使流通。

《無盡伏藏會》一卷

八十三、佛爲電德菩薩云：「欲疾得菩提，成就五種伏藏、大伏藏、無盡伏藏、遍無盡伏藏、無邊伏藏。何謂五也？」佛云：「貪行伏藏、嗔行伏藏、癡行伏藏、等分行伏藏、諸法伏藏。」佛一一解説，引因地修如是法，爲作證也。

八十四、佛説，寶聚如來滅後，無垢比丘，弘法廣授，王被魔惑。勝生如來時，旃陀羅煞牛。聞佛説法，捨牛出家。皆證如是伏藏也。

《授幻師跋陀羅記會》一卷

八十五、幻術法力無有過者，以謂佛不來降，自到佛所，默念請佛，以爲妄試。佛即受請，幻師於不浄處，以不浄物，作於道場。四天王帝釋諸天，各來嚴辦妙供。幻師已生奇特想，佛與大衆入城受供，化人問幻師：此中施設如何？謂言請佛，或云佛在王宫，或云在里巷乞食，或云在天上，或云在婆羅門家。此乃佛化耳，幻師遂發道意，如來與記佛果。

《大神變會》二卷

八十六、商主天子白佛：「常以幾種神變調伏衆生？」佛云：「我以三種神變。一者説法，二者教誡，三者神通。説法者，所談無礙大智辯等。教誡者，應作不應作等。神通者，化無量身自在無礙等。」「天子復有過此者不？」佛云：「有殊勝神變。」即敕文殊爲説，乃云：「眼耳鼻舌等一切諸法空，悉大神變。」佛言：「過去等須彌如來所速疾菩薩，文殊師利是浄莊嚴王，商主天子是王子，大悲念即我身是。」

八十七、文殊與商主舍利弗，一一問答神變法門，佛即記商主天子佛果也。

《摩訶迦葉會》二卷

八十八、迦葉問佛：「出家住正法中，云何學？云何行？云何修觀？」佛言：「當持浄戒，具足律儀，具正法教。」遂説出家破戒諸惡律儀，彌勒復爲演説。會中五百比丘，聞説便起。迦葉云：「汝等何處去？」報云：「若如是説，難消信施，不如還俗。」文殊謂曰：「汝等應速修行。」「云何修行？」文殊曰：「汝等應如是觀：無一法合，無一法散。無一法生，無一法滅。無一法受，無一法捨。無一法增，無一法滅。如是行法，無得無來，無去無住。」於是五百比丘，聞如是説，皆得無漏智性。

八十九、佛説惡律儀，乃云：「妙花如來時，輪王子達摩、善法出家，勤行苦行，集出家善法。光明如來時，大精進菩薩亦復如是行於是行，汝等當如是學。我常爲汝等言：乍可吞熱鐵丸，不食信心施主食。乍可熱鐵纏身，不以破戒身著信心施主衣食等也。」

《優婆離會》一卷

九十、彌勒與諸大菩薩，各説護持如來法藏。舍利弗見是事已，亦以白佛，現身護法教化。優婆離作念：寧可捨身命，終不捨戒。乃白佛：「云何菩薩戒，及一切决定毗尼？」佛云：「聲聞戒於菩薩戒名大破戒，若菩薩戒於聲聞戒名大破戒等異也。」佛一一説其戒法行相，敕文殊爲説决定毗尼。文殊曰：「一切諸法，畢竟寂滅，心寂滅，是决定毗尼等妙義也。」

始 十卷

大寶積經

《發勝志樂會》二卷

九十一、彌勒見諸菩薩多生懈怠，不修善法，將退失菩提心，即往勸論，同往佛所。佛言：「汝等過去世時，謗説法比丘，遂墮地獄，經無量劫，今當各各發露懺悔。」諸菩薩衆聞如是説，啼泣同聲，投誠懺悔。

九十二、佛爲説善法一一二十種，彌勒復問：「出家欲令慧力增長，云何修習？」佛云：「不貪利養，不入憒鬧，不説世言，不著睡眠，不營衆務，不樂戲論，速得無上智慧。若也樂著一一法中，有二十種過失。」佛廣説其行相，令出家人應遠離利養等諸過失。

《善臂長者會》二卷

九十三、長者來至佛所，佛云：「常當具足六波羅蜜。」長者問曰：「云何布施？云何持戒？云何安忍？云何精進？」佛爲長者一一廣説行相。

九十四、佛爲長者，説禪定智慧一一度中進修法門也。

《善順菩薩會》一卷

九十五、久種善根，修菩薩行。天帝化身，種種罵毁，亦實爲施。又令夫人天女來壞戒體，俱不動心。即往舍衛國中，高聲唱言：「我收得劫初時金鈴，若有貧者，我當施與。」乃告波斯匿王云：「大王最貧。」王曰：「汝言我貧，誰當信者？」答云：「佛可證明。」遂與王俱往佛所。佛言：「大王自恃威力自在，恣貪嗔癡，實是貧者。」王即發正等覺心也。

《勤授長者會》一卷

九十六、同諸長者至佛所，佛云：「汝等何至此會？」長者云：「我等思惟，佛世難值，人身難得，果證菩提，又復爲難，故來至此，願承教誨。」佛言：「汝等宜發大慈大悲大喜大捨心，又常觀身内外中間不浄諸過。」五百長者聞已，各悟法忍。

《優陀延王會》一卷

九十七、王大夫人舍摩，於如來僧衆常生恭敬。二夫人妬疾，謂王曰：「大夫人與僧作非法事。」王怒，將箭射舍摩。舍摩入慈心三昧，射皆不入。王驚怖自悔，問其所以，詣佛懺悔。佛説：「親近女人，多種大惡，入無間獄。」王聞佛説，歡喜奉行。

《妙慧童女會》半卷

九十八前、妙慧問佛：「云何得端正。得富貴身，眷屬不壞？佛前化生，從一佛土至一佛土，修善不障，處世不怨，所言人信，能離法障，能離諸魔，命終佛現前？」佛一一答四法，妙慧聞佛所説，遂與文殊辯論所得所證。及不見女人相，了不可得。

九十八後、佛問：「汝從何來？」曰：「若化汝從何來，當云何答？」佛云：「化人無有往來，亦無生滅。」曰：「諸法豈不皆如化耶？」佛言：「如是。」曰：「若一切法皆如化者，何故問我汝從何來？」佛答。

《無畏德菩薩會》一卷

九十九、居高樓上，見諸聲聞，默然不起。阿闍世王問曰：「汝豈不知是佛弟子？」無畏女與父王論難，佛十大弟子各來辯論，皆不能勝，佛即與授記。

《無垢施菩薩應辯會》一卷

一百、波斯匿王女也。將出禱祠，諸梵志見五百聲聞在門外立，謂不吉祥。無垢遂與諸梵志論其所以，却與諸聲聞即諸菩薩，各各談論佛法理趣，不能超勝，同詣佛所。一一發問，佛一一答之。波斯匿王及諸王子，聞法無垢，轉女身爲男，授菩提記。諸天龍鬼等衆，各伸讚歎歡喜。

制　十卷

大寶積經

《功德寶華菩薩會》半卷

百一前、十方世界，頗有現在佛號，令此稱念而獲利益。佛答東西南北四維上下，皆有現在佛。一一説其名號，令稱誦滅罪也。

《善德天子會》半卷

百一後、佛敕文殊：「汝爲諸天子，説諸佛甚深境界。」文殊曰：「非眼耳等是佛境界，非聲香等是佛境界，空無相等是平等境界。」善德天子請文殊去兜率宫，即現神變。魔來設難，文殊又入三昧，從定超直往兜率，爲諸天子説法，皆乃悟得無生忍。

《善住天子會》四卷

百二、文殊入無垢光明三昧，光照十方。一一方佛所侍者，各問其因緣，一一佛説其所以。一一佛所無量菩薩，來如來前，入隱身三昧。迦葉問佛，舍利子、須菩提，皆入三昧，不見分毫住處，如來爲説此三昧殊勝之功力。

百三、文殊與善住，如實論句義及不退轉義，即入破魔三昧。一切魔王宫殿暗黑，魔衆悉皆老瘦，愁苦不可言，來投誠於佛。文殊從三昧起，佛乃問：「云何得此三昧？」文殊曰：「我於曼陀羅花如來所，得是三昧。遂爲魔衆説法，發菩提心。諸來十方菩薩，各各現相，令衆得見也。」

百四、如來、文殊、天子，一一辯論。初發心無生法忍超越轉入，一切菩薩行法俱無有實。又破聲聞出家相，以謂求出家者，於法皆有所求，非真出家。若於一切法無所求，亦不求出家。不見染衣袈裟等相，乃真出家者也。

百五、善住問曰：「仁者得利智耶？」文殊曰：「我不得利智，我不得陀羅尼，我墮頑鈍位，論字句義。五百比丘不信是法，退墮地獄，破凡夫相。」問：修梵行，不念作求，不思進趣，許汝修梵行。若能斷一切衆生命根，許修梵行。所謂當須煞害煞人想，煞衆生想，煞壽命等想。利智慧刀以爲煞具，更能行十惡行，破十善法。許汝修梵行，何以故？可煞者誰？何者是頭？誰能行煞？所謂煞貪嗔癡等，若能違背諸佛，毀謗法僧，是修梵行，亦不報恩，我無所住。真沙門義，志若金剛，入如幻三昧，十方世界佛所現種種相。五百菩薩已得四禪定，成就五神通。自見往昔所作惡業，煞害父母等罪。彼罪不忘，不達法忍。佛欲除彼疑心故，以神力攝文殊，手握利劍，直趣世尊，欲行逆害。佛止云：「汝住，不應作逆，勿得害我。我爲善被害，從本已來無有我人，但内心見有。」五百菩薩忽悟一切法如化，各各讚歎佛勝功德。文殊忽提劍馳逼如來，佛遽告云：「且住且住。」説煞罪無可得，各獲無生忍，踴身虚空，説偈讚云：「文殊大智士，深達法源底。自手握利劍，馳逼如來身。如劍佛亦爾，一相無有二。無相無所生，是中云何煞。」說此利劍法門，十方佛界震動。舍利弗難問逼佛罪報，文殊爲說如幻如化無受者等一切法門義。

《阿闍王子會》半卷

百六、五百王子同到佛所，問佛云何得端正、得大力、得三昧、得神通等，一一偈問，佛一一偈答。會中有無量衆，各各聞法，乃歡喜也。

《大乘方便會》二卷半

百六半、何等爲方便？云何行方便？佛言：「菩薩施一摶食，皆與有情共回向菩提。是爲方便，說種種方便行。」尊王菩薩與女人一處坐，阿難起謗。佛說因地，尊王現通，作愛等緣皆方便。

百七、阿難、迦葉各讚譬喻。爾時德增菩薩白佛：「過去迦葉佛時，行菩薩行。有樹提梵志云：菩提之道，實爲難得，何有禿人能辦斯事？此義云何？佛說授記，在天宫下生入胎，周行七步，受樂出家苦行等事，皆方便耳。」

百八、受乳受草，登座跏趺七月。降魔說法，受駡受謗，頭痛背痛，求藥水盂女馬麥，刺足等因緣，皆是佛方便願行示現也。

《賢護長者會》二卷

百九、阿難問佛：「長者種何善根，有如是殊勝富貴果報？」佛説過去迦葉佛時修因，長者乃問佛：「生時識從何來？死時識從何去？」佛言如風著樹，如風送香等，一一分别解脱。及答真月所問識之相狀，一一辨其所以也。

百十、月實童真問：「云何見色因、欲因，見因、戒取因？」佛言：「智見智境，愚見愚境。種種宣説，識心來往。」大藥王子問：「無形之識，著有形生？」佛云：「隨善惡業相，以受其質。當識往時，自見其境。如見血見肉等相，已著其味。便隨所見境去，或地獄等一切相者也。」

文　十卷

大寶積經

《净慧童女會》半卷

百十一、以偈問佛，如何得端正等。佛於一問中答八法。一偈凡十餘偈問，十答義也。

彌勒八法會，問：「成就幾法，而速得正覺？」佛云：「成就八法，所謂成就深心、行心、捨心、方便心、大慈心、大悲心、善知識方便心、般若心。」佛一一廣説八法行相。

《彌勒所問會》半卷

百十一末、問：「成就幾法，離諸惡道，遠離惡知識，速成佛道？」佛答以菩提心一法，毗摩舍他、三摩提二法，漸漸增至十法，一一解説其義。及説因地，或爲王，或爲太子，捨眼捨身等，爲求無上菩提也。

《普明菩薩會》一卷

百十二、佛爲迦葉説出家四法及三十二法，依如是修進，是真佛子。以形像比丘，破諸律儀。貪著名聞利養，不能修持。如來慈悲，苦口爲説。普明白佛：「我亦願學此法門。」佛云：「亦當如是修學是經，亦無定相，但心悟妙義耳。」

《寶梁聚會》二卷

百十三、何謂沙門？佛言：「寂滅故，調伏故，受教故，清净故，入禪定故，得智慧故，集一切善法故。」次説破戒沙門無量濁行。何謂比丘？破煩惱故，破人我故。破壽者衆生想，修戒定慧。度三有四流故，行一切善法故。次説破戒比丘種種惡欲。何謂旃陀羅？此云煞生人。比丘常於塚間求乞死尸，無慈悲心。至施主家，行不善心，無量過惡等事。何謂營事？比丘有二事：一者慚愧，二者知業。復有二事：一者能持净戒，二者知有後世。又有二事：一者得果，二者能修八解脱。如是比丘，可以爲衆營事。若不爾者，增長一切諸惡業，無有利益。

百十四、佛説蘭若比丘、乞食比丘、糞掃衣比丘、樹下比丘、塚間比丘、露處比丘，佛一一説無量難行苦行，各隨所樂利益有情。如是比丘光揚法門，能與衆生作寶梁、寶聚、寶取、寶藏。

《無盡慧菩薩會》半卷

百十五、問：「菩提心何義？幾法成菩提？」佛爲十波羅蜜爲初發心，皆廣大無際。次説十十法門，方能成就。光明天子等衆，聞已得陀羅尼門，成諸法行等義也。

《文殊説般若會》一卷半

百十五後、此會與《大般若·曼殊室利分》同本異譯。前已録義例，可知耳。

百十六、所説般若，非初學所知之也。

《寶髻菩薩會》二卷

百十七、東方净住佛所，寶髻持一寶蓋，來復忍界，在梵天上説偈至佛所。清净行如來，廣無極清净，四意止清净，六神通清净，乃至無量法門，一一行相，皆悉清净可見也。。

百十八、佛説五根清净，五力、七覺支、八正道，諸行法悉皆清净。乃説因地所修如是法行得成等正覺也。

《勝鬘夫人會》一卷

百十九、波斯匿王女也，來詣佛所，説偈云：「如來妙色身，世間無與等。無比不思議，是故恭敬禮。」等諸偈。佛授記爲普光如來，遂發十誓願，聖衆作證。夫人又説種種法門，佛復爲證明。皆過去無量佛所修習一切善法因緣，遂得如是。

《廣博仙人會》一卷

百二十、同大仙衆來詣佛所問：「云何施者，何爲施義，何爲行施於受施者？」佛爲廣説施義及諸受者報施差别，悉要清净。仙人復問：「云何識住身中，有所愛著？」佛云：「猶如國王居在城中，恐他軍來，須得守護。此城報盡，走向他國。又入母胎，隨其福業。云何見得？或從六道諸天來，或從六道諸天去。」及説相狀，諸天勝樂果報等事。然皆不如佛弟子，遂説阿那律天眼，憍梵波提禪定。諸仙人聞見如是事，各發菩提正覺心也。

右《大寶積經》一百二十卷，則如來四十九會隨宜所説也。然會會皆有序分、正宗、流通，其緣起、朝代、譯主，亦各不同。如或品題多就會主所問而立，或有依法，或有從喻，或人法雙標。恐涉詞繁，不欲俱論。今所録者，則涯略而已。蓋佛慈應機，法門無量也。若宗教眼目，則《文殊法界》《善住所問》二會極談也。比丘妙行，則《律儀》《迦葉》二會深規也。出家在家修習，則《郁伽長者會》至詳也。此其大要耳，在通人自照撿而以驗平生所見所行，謂如何也。

字 十一卷

三戒經

《三戒經》，三卷，《大寶積·經律儀會》同。

平等覺經

《平等覺經》，四卷。

阿彌陀經

《阿彌陀經》，二卷。

無量壽經

《無量壽經》，二卷。

已上三經與《大寶積經·無量壽會》本同。

乃 八卷

阿閦佛國經

《阿閦佛國經》，二卷，《大寶積經·不動如來會》同本。

佛土嚴净經

《佛土嚴净經》，二卷，《大寶積經·文殊授記會》同本。

法鏡經

《法鏡經》，一卷，《大寶積經·郁伽長者會》同本。法照於心，心無不明。鏡照於面，面無不現。喻義雙彰，照然可見。

胞胎經

《胞胎經》，一卷，《大寶積經·胎藏會》同。

大乘十法經

《大乘十法經》，一卷，《大寶積經·大乘會》同。

普門品經

《普門品經》，一卷，《大寶積經·文殊普門會》同。

服 十卷

郁伽羅越會經

《郁伽羅越會經》，一卷，《大寶積經·郁伽長者會》同。

幻士仁賢經

《幻士仁賢經》，一卷，《大寶積經·幻師跋陀羅授記會》同本。

決定毗尼經

《決定毗尼經》，一卷，《大寶積經・優波離會》同本。

發覺净心經

《發覺净心經》，一卷，《大寶積經・發勝志樂會》同。

優填王經

《優填王經》，一卷，《大寶積經・優陀延王會》同。

須摩提二經

《須摩提二經》，《大寶積經・妙慧童女會》同。

阿闍世王女經

《阿闍世王女經》，一卷，《大寶積經・無畏德會》同本。

無垢施女經

《無垢施女經》，一卷，《大寶積經·無垢施會》同本。

衣 十卷

文殊境界經

《文殊境界經》，二卷，《大寶積經·善德天子會》同本。

如幻三昧經

《如幻三昧經》，二卷。

善住意天子經

《善住意天子經》，三卷。

已上二經，《大寶積經·阿闍世王子會》同本。

太子刷護經

《太子刷護經》，一卷。

太子和休經

《太子和休經》，一卷。

已上二經，《大寶積經·阿闍世王子會》同本。

裳 十一卷

慧上經

《慧上經》，二卷，《大寶積經·方便會》同。

大乘顯識經

《大乘顯識經》，二卷，《大寶積經·賢護長者會》同。

大乘方等要慧經

《大乘方等要慧經》，一卷，《大寶積經·彌勒八法會》同。

摩尼寶經

《摩尼寶經》，一卷。

摩尼衍經

《摩尼衍經》，一卷。

已上二經，《大寶積經·普明菩薩會》同。

師子吼經

《師子吼經》，一卷，《大寶積經·勝鬘夫人會》同本。

毗耶婆問經

《毗耶婆問經》，二卷，《大寶積經·廣博仙人會》同本，各譯。

右五帙計五十卷，皆出《大寶積經》，以朝代法師隨意翻譯，今不録義意，但各標指，俾見會同，貫通前後，及總録也。

大藏經綱目指要録卷第三

東京法雲禪寺住持傳法佛國禪師　惟白　集

推位讓國，有虞陶唐。吊民伐罪，周發殷湯。坐朝問道，垂拱平章。愛育黎首，臣伏戎羌。遐邇壹體，率賓……已上三十八函。

大集經

《大集經》，總而言之，則二十四部，計一百四十二卷，共一十四帙。别而論之，則六十卷一十品，爲其的也。蓋譯有前後，編無定次。若據目録，以北凉天竺三藏曇無讖所譯爲正部矣。若以命題，則《經》云：「久修梵行，悉以《大集》。」復云：「知諸菩薩，皆以《大集》。」又以大集衆所譯經，成此一部聖教，取意在斯。

大法體無極方相顯無盡等超倫無比大無有不至集勝凡同會經今古常規。

推　十卷

大集經

一、《瓔珞品》，如來從耆闍崛山，往古佛所住處。聖衆大集思念：成道以來，經十六年，即入佛境界神通三昧，於色、欲二界中間，化大寶坊。四天王忉利諸天，各説偈讚佛。如來陞師子座，入無礙解脱三昧，一一毛孔放大光明，照十方界。光中説偈，聲遍十方佛界。一一佛所，各有無量菩薩，來詣佛會。各以香花散佛，各入三昧，或入光明，或入妙香，或入蓮華等諸三昧。會中自在王菩薩，問佛修菩薩行，以何瓔珞，而爲莊嚴？云何清浄，云何壞愚癡，云何修慈悲，云何能斷疑綱，云何修善業等。佛云：「有戒瓔珞，三昧瓔珞，智慧瓔珞，陀羅尼瓔珞。以此四法，而爲莊嚴。一一法，自一法增至十法，皆爲莊嚴。菩薩所修大行，利有情也。」

二、《自在王菩薩品》，佛説念光、意光、智光、行光、法光、寶光、神通光、無礙智光，此入光明，一一説八法。此説大悲行十六法、善惡對治三十二法，爲説如來大悲所行菩提之相，昔成正覺，受請轉于法輪也。

三、如來自説三十二業行相，復以偈言。然如來善業，無量無邊，且以此開方便門，使修行者易也。

四、如來若象回顧云：「誰能守護此實坊及供具，待彌勒成佛後十六年，來此説法，神通自在。」菩薩云：「我能守護。」時有魔王言：「汝今置此何器中住？」答云：「凡言器者，性是無常，我身不變。」即於臍中，現水光王佛界。魔言：「汝有妙器，堪能守護。」遂説八陀羅尼，此言總持法門。浄光如來所，爲頂光時，受此妙法。慧聚菩薩，因地遇佛得法緣。

五、《寶女品》，手持寶珠，白佛：「我實能於十方世界，受此大集經典，書寫演説，願此珠貫佛頂及諸菩薩髻。」即擲其珠，便貫佛頂。各各見珠中所現來世成佛等相。佛言：「此寶女已於九萬六億佛所種善根來，所生之處，無不殊勝。」遂問：「云何實語，云何法語？」佛説三十二浄語，三十二實信實義及因地所修諸行門。

六、寶女問：「如來具足十力，且佛是十力。十力是佛耶？」及問四無畏、十八不共法、三十二相所修。佛爲廣説行相，遂得不退轉。若障礙菩提，有三十二法，速得菩提，佛果亦有三十二法門。

七、《不眴菩薩品》，東方普賢如來所，至寶坊中問：「佛以何三昧，速證菩提？」佛言：「一切法自在三昧，能得佛果。所修三昧，行相法門。」須菩提問答辯論，不眴於自在如來所，爲法語比丘，得此三昧。從是以來，以此三昧，歷事無量諸佛聞法。

八、《海慧菩薩品》，下方神通如來所，至寶坊中，問浄印三昧。佛説所修三昧法門，即一切善法及菩提心等，一切覺地諸法門。

九、佛言：「欲速得浄印三昧，當修一切浄法。」舍利弗及梵天，與海慧辯説佛法。如來云：「過去大力聲佛所，法慧菩薩勇猛精進，護持佛法。」會中六萬億菩薩同聲發言：「我等當弘護受持正法。」佛言：「汝等如何護法？」有云「惜身命者不能」，有云「貪利者不能」，有云「二相者不能」，有云「煩惱者不能」。彌勒云：「遠菩提心者，不能護法。」各各説竟，文殊云：「汝等如是等語，皆是謬語。何以故？世尊坐於道樹，不得一法，汝等何言護法？」佛讚：「善哉善哉，我實無法可得。」

十、海慧問大乘法，佛言：「有一法，攝取大乘。」便説一一法有利益，大乘乃説二二法。有三法難得，大乘乃説三三法。有四法障礙，大乘乃説四四法。復説金剛心句、無量句義及一切法門。寶坊中，諸來聖衆，聞者皆得無生法忍。

位　十卷

大集經

十一、佛告海慧，當如本願。過去佛時爲輪王浄聲，聞法出家，爲師子王，護獼猴子。海慧遂説魔業。佛説破魔三昧，魔衆嚴兵，到佛所，進退不得。海慧神力，置移東方佛界。至彼佛土，發菩提心，以神力攝魔。登師子座，説此《大集經》法門，不少一字。及現如來大衆，與彼佛衆相見，作希有事，化導無量人天之衆。

十二、《師子將軍子品》，其子生不能言，以佛神力故，到大寶坊中，説偈讚佛，與舍利弗論佛法正見及一切法門。東方佛所，金剛臍菩薩到佛會，與無言菩薩論法，化神力，變此世界。地悉金剛，盡其神力，不壞分毫。佛讚無言，夙善根故如是。

十三、《不可説菩薩品》，入定意已，遂問佛菩提戒等種種法門。無畏大士問如何是誑如來，不可説云：「若言我是持戒，他是破戒，是誑如來。我能修一切善法，便是誑如來。如其不能，不見一法，是見如來。」寶女與無畏，論其法義。降魔波旬，此云惡者，并説偈讚佛，現其神力。

十四、如來在妙嚴寶堂蓮華臺上，東方佛所虚空藏菩薩，在彼佛土，聞虚空印法門，説一切法皆以空爲門。至此説偈讚佛，遂問佛如何行布施、持戒、忍辱與空等。一切功德善法，如何行得與空等。佛即答之。

十五、佛説，功德與虚空等，法不離如如。念佛、念法、念僧、念捨、念戒、念天，説諸法行，分別行相，答前虚空藏所問。

十六、速辯菩薩問：「何因緣故，名虚空藏？」佛言：「譬喻長者有大庫藏，無量珍寶積聚其中，令此菩薩亦復如是。過去光明王如來時，有輪王，名功德莊嚴。有二子，一名師子，一名師子近。出家得道，佛令師子進，現大神變。於虛空中，雨無量寶，滿足一切願，佛即印其名。又無數劫前，佛所爲灌頂王，出家發菩提心，虛空藏八萬四千諸三昧門，成就如是廣大神通力。」

十七、虛空藏問大誓莊嚴大乘妙法，佛以車轅、車輻等爲喻，無量善法而爲莊嚴。寶德問淨行，答以眼耳等無際爲淨。阿難問身證，答以虛空印爲印。諸聲聞各以衣上，虛空藏以神力攝，往袈裟幢世界山王如來所説法。梵天衆問，如來爲説善根出要。寶手問不思議法，答以六十四法，爲一百二十八法引攝。

十八、魔波旬衆，來至佛所，聞説邪魔破佛法律罪報，愁苦無量。佛運慈悲，攝令發心。文殊與諸菩薩，各説過魔事法，波旬歡喜。魔子魔衆有不同者，虛空藏神力攝化，諸天各説咒護法，令如是經典流布無窮。

十九、《寶幢魔苦品》，舍利弗、目連遇馬星説法，將詣佛所出家。波旬作無量魔相，欲令退轉。佛神力故，皆不能也。過去佛所，夫人善見，聞寶幢陀羅尼，即轉女身。波旬種種爲害，十大弟子，入城持鉢，波旬令作歌舞，各爲説偈説咒，悉發無上道意。

二十、四大弟子與波旬，在王舍城中，遊行歌舞。無量人天，悉生煩惱。佛將入城，人天皆來云：「不可入城，恐魔衆爲害。」如來神力，化無量香花，莊嚴城中。入首楞嚴定，此云健相，示現八十種微妙相好。光味仙人，見是相已，即問佛姓氏等。佛即復問，乃説人生所屬二十八宿所臨性行。佛即破之，令了生死，即得授記。佛復以神力，於一一門，現身降伏魔衆。遂言：「魔衆從我入胎已來，種種害我，我不生嗔，各悟無生法忍。」

讓 十卷

大集經

二十一、如來調伏衆魔已，東方阿閦佛、西方彌陀佛及十方諸佛，各與無量菩薩來，入寶坊大集會中，圍繞如來。諸天、諸神、諸鬼與諸如來，各説神咒，護持大集經典，一切正法。魔衆聞咒，各發菩提心，十方諸佛，各還本土。

二十二、《虚空目分聲聞品》，目連、舍利弗初出家説法，諸弟子衆各生憍慢。如來以神力，拈花化寶光明，花鬚中説偈，遍十方會。佛弟子各捨憍慢，大集佛會花鬚，往四方佛所説偈。四童子與四方衆，皆來佛會，願聽虚空目説。爲憍陳如説出家行法，比丘修諸觀境，解脱法門及滅後十二部經。隨所説異，宜弘正法。諸龍衆至，各各發願。

二十三、《世間目品》，佛放光明，照十方世界，一切衆集，諸國王欲問十二月相，無有知者。詣佛所問，佛説過去仙人與雌虎交生十二子因緣。彌勒説偈，佛即解説。爲憍陳如行行慧行，爲婆羅門説四無量心，爲無勝説三慈，自説修菩薩行時一起處修慈悲行。

二十四、《聖目品》，明星問佛聲聞、辟支所行，佛一一説其相狀及聖智等法，須以大慈悲爲本，乃善受生、虚空目、内空目、外空目等法門。諸大衆、諸神衆、諸王衆，各願流通正法也。

二十五、《寶髻菩薩品》，東方浄如來所，至此寶坊中，問佛所修浄行法即法行。佛言「四行」：一者波羅蜜行，此云到彼岸。二者助菩薩行，此云道。三者神道行，四者調衆生行。一一行中，説諸法相所行，皆是念處觀境，微細行之。

二十六、佛説浄五根、浄五力、浄七覺支、浄八正道、浄莊嚴調伏，一一廣説行相，乃云：「過去爲精進比丘，受種種苦，調伏衆生，方成正覺。」

二十七、《無盡意菩薩品》，東方普賢如來所，至此界佛所，説偈放光。舍利弗問佛，乃説所來國中，不以文字語言，唯諦觀於佛，行念佛三昧。舍利弗問：「云何名無盡？誰與仁者字也？何謂無盡法門？」答云：「初發菩提心已，無盡無無盡。菩薩心清浄無爲，心行無盡，四行無盡，畢竟無盡，布施、持戒、精進、禪定、智慧無盡，一切善法悉亦無盡故。」

二十八、無盡意爲舍利弗説精進、禪定、般若無盡，如是諸行無盡，成無盡慧，得無盡智也。

二十九、説四無量心、四無礙智、六神通、四依法、四攝法、一切法等亦無盡，廣説無盡盡也。

三十、菩薩修習功德無盡，智慧無盡，四念處、四正勤、四如意、五根、五力、七覺支、八正道、修行、定慧、總持、辯才、一道、方便，是名菩薩八十無盡，含受一切佛法無盡。説是無盡法門，諸聖賢衆，各以香花衣服，以散無盡意。人天等衆，各各發弘誓願，護持此之妙法。

國 十卷

大集經

三十一、《日密分中護法品》，佛説六度妙行，迦葉白佛：「破戒比丘不可受施？」佛言：「諸過惡侵犯僧物。」頻婆羅王白佛：「請説果報，諸惡比丘受無量苦，乍護一持戒者，不可護無量破戒者。」説是法時，東方佛所日密菩薩，南方佛所香象王菩薩，悉來此界。

三十二、西方佛所光密菩薩，北方佛所虚空密菩薩，如是四方四佛，各爲四菩薩説法説咒，至此忍界，以偈讚佛。各入禪定，佛爲憍陳如分别色欲、形欲、天欲、欲欲。一切凡夫，以此四欲纏縛，流轉生死。爲説一切諸觀境，令觀不净、妄想、惡覺，悉如虚空。諸修行者，依如是學。

三十三、佛爲憍陳如重説四佛神咒、蓮華空、空行空、净欲等陀羅尼。修此法門，一切世間，作不樂想、不净白骨想、食想、持鉢房舍想，一一觀想，無一可樂，自然入空解脱門。十方佛攝此世界，入在身中，善根衆生歡喜，波旬愁苦。

三十四、《日藏分護持正法品》，自三十四至四十卷，與前《日密分》同本也。耶舍别譯，文廣耳。

有　十卷

大集經

四十一、降伏衆魔及驢脣先生過去因緣，安置日月星辰二十八宿善惡祭祀法，迎祥也。

四十二、二十八宿吉凶造作用事，晝夜合與不合，一月三十日輪次直之，應一切衆生所作爲也。

四十三、光味菩薩誡諸龍王，護持佛法，諸魔愁苦，爲説念佛三昧陀羅尼法門也。

四十四、歸濟龍王为説諸善法，乃布施等行相也。

四十五、付囑諸龍王龍衆、天上人間，隨處守護佛法，如塔演説諸神咒，令誦持者能守護佛法，獲大利益等事。

四十六、《月藏分》，西方世界日月光如來所月藏菩薩，來詣佛所，説諸吉祥偈及月幢陀羅尼，佛説六度行也。

四十七、魔波旬及修羅衆，來詣佛所，不能惱亂，自然信伏，回心皈依也。

四十八、彌勒問佛，是王貴種，何緣與修羅畜生類親？佛言，三界衆生皆著樂，不發菩提心，此云道。若發此心，即是第一義也，思之。

四十九、火光天子與諸天衆，各各勸諫波旬眷屬回向佛法，不須惱亂。一切諸神四大天王等衆，各説守護正法，利益人間。

五十、諸鬼神衆歸信已，佛爲説第一義清净平等六度，行之清净，十惡休之，則一善得十種功德，及説諸秘密神咒。

虞 十卷

大集經

五十一、清净禪平等，乃諸禪定觀境一一分別，及一切世間智器，出世間法器，成就觀行三昧，即法器也。諸鬼神衆，各説因地犯罪，今發心護持弘法蘭若比丘衆也。

五十二、諸魔説偈讚佛，自在天、日月天、四天王天等，各説護法這。

五十三、佛爲四天王説大力雄猛不可害輪大明咒，亦各與授記。阿修羅火味等，不蒙付囑護法，遂即生惱。佛復囑之，皆大歡喜。爾時大集會中，百億衆生，萬億菩薩，各各誓言，流通正法，弘持法藏。諸龍諸阿修羅等，各願養育四天下有情。

五十四、佛勸諸阿修羅與諸龍衆，行忍辱行，不得鬪諍，護持比丘，爲火味修羅，説諸善法所修之行行者也。

五十五、佛爲月藏言：「我滅度後，初五百年解脱堅固，次五百年禪定堅固，次五百年智慧堅固，此五百年塔寺堅固，此五百年鬪诤堅固。」乃付囑諸龍諸天修羅等衆及諸國王，各護持我法，令此閻浮國界，一切弘法比丘、一切衆生而獲安樂。

五十六、説二十八宿所主世間一切有情物類，佛爲大梵天言，一一國土付囑，角宿等一一星，育養幾國土。佛面門放光，照大千界，悉見無量佛國，四天下建立塔寺之處。付囑彌勒、日月藏菩薩，各以偈問佛，即以偈答。讖佛法盛衰及因地緣，或遇惡王、惡臣、惡人，壞佛法等緣。

五十七、《須彌分》，功德天問聲聞禪智菩薩禪智，佛爲微細説之。地藏菩薩問功德天：「風雨不時，與物爲害，如何護持長養衆物？」功德言：「過去與如來同發菩提心，幢相如來授水風咒力陀羅尼，但衆生惡毒招此旱潦，物不滋生，我亦護之。」

五十八、佛告功德天：「我與汝二人，幢相佛所同發心。今我得菩提，汝得滿願。」功德天言：「我願未滿，爲此處多有毒龍、龍女與人爲害。」爾時須彌藏仙菩薩白佛：「我入毒龍宫中，入龍嚬呻三昧，入三昧已，又説神咒，諸龍降伏」。善住龍王等，各願護持國土，各説神咒。地藏、無盡意、彌勒、文殊諸菩薩衆，各説神咒。佛復爲諸龍王衆，種種説法。

五十九、十方菩薩俱來問佛：「何因緣同眼耳、同心意？何故有癡、有黠、有慧、有能飛、有能三昧、有定意、有智慧、有厚薄？」佛言：「有守口不能守身，有守身不能受意者，遂有五十校計。微細黠罪，皆從心起。百八疑癡顛倒，當墮愛裁識因緣種。然百八愛，百八黠，一一法，自心意識眼耳鼻舍身意五陰中，互相轉入色聲香味觸，其間不知生、不知滅，生死欲習，斷其惡欲，成真觀定。」聖衆同聲白佛：「我等無欲。」佛云：「汝等愛三十二相不？」皆云：「我等勤苦爲修此也。」佛云：「汝等何言無欲？」諸菩薩各各大慚愧，稽首讚佛也。

六十、佛爲十方菩薩言，坐禪數息，不得定意。若得定意，不久但坐。當滅當來生死意，當斷本罪生死意。佛言，心所動得，因緣合中，有盛百八生死，皆心意識眼耳等中。又復校計百八本罪，滅、不滅百八罪，入空中，百八不捨、百八清浄、百八精進、百八忍、五十校計中，一一校計説。百八心未起時中，有五百四十百八愛行。眼耳等一一法，有如是五百四十百八愛行。

右《大集經》六十卷，如來在色、欲二界中間，化大寶坊，大集十方聖衆人天魔梵龍鬼，悉大集其中，説此《大集經》法。然後付囑護助比丘，宣揚正法，保持國土，養育衆生。其間或前譯後譯，或同本不同，乃佛法不可思議，豈意識測量也？若大機器者，具無漏智，細閲而依行，則如來常出現世也矣。

陶　十卷

地藏十輪經

《地藏十輪經》，地則堅厚無涯，藏則包含無盡，以十佛輪轉十惡業故。唐三藏玄奘法師譯也。

一、爾時南方香雲香雨、花雲花雨、寶雲寶雨，無量莊嚴具，來入大集會中。天人問：「何端如此？」佛云：「地藏菩薩將至於此。」即時説偈，爲供佛上。如來説，此大士十方諸佛國土，隨意居之，成就勝事。讚其三昧功德，欲增長此界有情善法。來此大集會，説秘密咒。

二、地藏以偈問佛，謂此界衆生，何故不畏苦業，多造十惡？佛爲廣説所修十佛輪，令此衆生轉其十惡業輪，業俱無盡。

三、天藏問佛修無依行，答以十義。一欲修定乏資緣，二犯戒行惡行，三妄執身心，四心動躁，五離間語鬭亂，六惡語毁駡，七雜穢虚誑，八貪嫉他人，九多瞋忿，十邪見。以此十緣，不能成定。復有十無依法：一著事業，二著談論，三睡眠，四著營求，五著艷色，六著妙聲，七著芬香，八著美味，九著細觸，十著尋伺。以此亦不能成。又爲説國王大臣不得破壞比丘，然有破戒者，亦勝清净外道功力所修。

四、地藏問：「此土有佛世，無佛世作惡衆生，入無間獄，如何救護？」佛云：「此土衆生，剛强難爲調伏，造十惡輪，多入地獄。」乃説破戒比丘如是惡業，當墮無間地獄，復説敬袈裟因緣義。

五、佛告地藏，真善國王、大臣、婆羅門、居士、長者護佛法，護比丘，自然速離十惡業輪，亦權他離，乃吉祥也。天藏護國神咒，復爲金剛藏説有依行法、十輪回法門妙義。

六、惡刹利帝等，親近破戒比丘，非法器僧，退失一切善法，墮無間地獄。若真善刹利帝等，親近佛法比丘，成就種智也。

七、佛説，惡性衆生造種種業，將受無量苦報。會中百千萬億衆，各各發露懺悔，宿作邪見，遂各於佛法生正見等。

八、金剛藏問：「如何修進善業，得不誤失？」佛言：「有十種輪，若能修持，遠離十惡業。喻如輪王，有諸寶輪，能降伏一切王也。」

九、佛説遠離嗔恚邪見等十輪，復説財施、法施、福田相、十輪、布施、大甲冑輪、净戒、安忍、精進、禪定、般若等大甲冑輪。

十、佛説福田相、般若大甲冑輪、大慈大悲大忍堅固大甲冑，會中人天，聞此法者，皆得法眼，付囑金剛藏等流通。

唐 十卷

十輪經

《十輪經》，八卷，與前同本異譯，但廣略小異。若要三寶種姓熾盛，久住世間，利益有情，依此法門也。

須彌藏經

吊 十卷

《須彌藏經》，二卷，《大集經》中《須彌藏分》同本。

念佛三昧經

《念佛三昧經》，五卷。

虛空孕經

《虛空孕經》，二卷。

虛空藏經

《虛空藏經》，一卷。

觀虛空藏經

《觀虛空藏經》，一卷。

虛空藏神咒經

《虛空藏神咒經》，一卷。

已上五經，與《大集經·虛空藏分》同本各譯。

民 十卷

大集念佛三昧經

《大集念佛三昧經》，《大集經》中《虚空藏分》同本，此隋朝笈多譯，名不空見。

一、聖衆人天集會，諸天願聞念佛三昧法門，如來即現神力。

二、過去寶如來所精進二王子，一名師子意，於如來所出家，修梵行而證道果。

三、佛弟子衆思念，但聞其名，不見解釋。不空見即入念佛三昧，諸菩薩聲聞，各相問答，説偈讚此三昧神變不可思議也。

四、彌勒現神變，不空見與阿難廣説一切法要三昧。

五、不空見説無量妙音聲，無量如來功德，具足第一無量辯才，將説念佛三昧法門妙義。

六、如來爲不空見，現大神力，出金色手，摩頂云：「汝今善爲衆生説如來功德。」不空見以偈讚佛，復發四十問，如願得多聞自然海等。

七、如來爲説念一切佛三昧，復説思惟佛三昧法門。

八、佛説思惟佛三昧已，會中無量人衆，皆得法眼。如來放光，記如是衆各當成佛。不空見復聞慚愧三昧，佛説過去佛所爲善觀王行是行。

九、行慚愧行，修集一切善法，圓滿念佛三昧法門。

十、慈行如來所，廣樹比丘、輪王天主，皆入念佛三昧。此法門是一切佛菩薩成道逕路也。

伐 九卷

大集賢護經

《大集賢護經》，五卷。

般舟三昧經

《般舟三昧經》，二卷。

拔陂菩薩經

《拔陂菩薩經》，一卷。

已上三經與《念佛三昧經》同本，但隨所見翻譯，成廣略也，其間不無小異。至如般舟云，見在定意，意向十方佛，即念佛思惟佛三昧也。所云拔陂，或云颰陀和，或云拔波，皆梵音差别，此方直譯爲賢護。然此經前後七譯，今或存或亡，具如《開元録》詳論。

罪 十三卷

阿差末經

《阿差末經》，七卷。

無盡意菩薩經

《無盡意菩薩經》，六卷。

已上二經，《大集經》正部中《無盡意菩薩分》同本。梵云阿差末，此方翻爲無盡意、無量意。然北凉、西晉、宋代各譯，故立三題各異。

周 十卷

大哀經

《大哀經》，八卷。

譬喻王經

《譬喻王經》，二卷。

已上二經，《大集經》中《譬喻王别品》同本。《大哀》即《最自在王菩薩品》。其所問者，則如來大悲行，利樂有情，成無上道。以我如來大悲心行，大哀憫三界衆生，而爲度脱，故立是題也。

發 十卷

寶女所問經

《寶女所問經》，四卷，《大集經》中《寶女品》同。

無言童子經

《無言童子經》，二卷，《大集經》中《無言菩薩》同。

奮迅王問經

《奮迅王問經》，二卷。

自在王菩薩經

《自在王菩薩經》，二卷。

已上二經，同本各譯，於法得自在，能奮迅，故立名耳。

上、自在王問佛，如何於大乘速成菩提。佛云：「有四法而能成就：一者戒自在，二者神通自在，三者慧自在，四者智自在。」廣説行相。

下、佛説解脱自在，於苦集滅道等法，不了則顛倒，了即一切法皆得自在，故云王也。

殷 十卷

寶星陀羅尼經

《寶星陀羅尼經》，《大集經·寶幢分》同本。其間緣起，則馬勝化舍利弗、目連，來投佛出家，波旬爲惱。如來分衛王舍城門，一一門中，佛現十方佛，悉來共作威光，降伏波旬。同音説咒，普益末世衆生及諸國土。令守護四部弟子，使精修戒法，令法久住其間。月勝所説《寶星陀羅尼》，誦持者女變男身，其功最妙。

右諸經皆係《大集經》總部，故略録次序，使見前後翻譯其品目義意。止於正部中標列，貴不繁碎，俾覽者易曉其始末也。

《華嚴》本部并眷屬經，總二十六部，計百八十七卷，共一十七帙。蓋前後翻譯不同，其義趣廣略貫通則同也。今於諸部，只標卷數品會，於唐譯八十卷中，一一撮其義類，以照前後部帙。

古華嚴經

《古華嚴經》，五十卷，七處八會，供三十四品，東晉天竺三藏佛陀跋陀羅等譯。

湯　十卷

古華嚴經

一、《世間净眼品》一。

二、《世間净眼品》二。

三、《盧舍那品》。

四、《如來名號品》《四聖諦品》《光明覺品》。

五、《菩薩明難品》《净行品》。

六、《賢首菩薩品》《昇須彌頂品》《妙勝殿説偈品》。

七、《菩薩十住品》《梵行品》。

八、《發心功德品》《明法品》。

九、《夜摩天宫自在品》《説偈品》《十行品・初分》。

十、《十無盡藏品》。

坐　十卷

古華嚴經

十一、《昇兜率天宮一切寶殿品》《雲集讚佛品》。

十二、《十回向品》。

十三、《回向品》二。

十四、《回向品》三。

十五、《回向品》四。

十六、《回向品》五。

十七、《回向品》六。

十八、《回向品》七。

十九、《十地品》一。

二十、《十地品》二。

朝 十卷

古華嚴經

二十一、《十地品》三。
二十二、《十地品》四。
二十三、《十明品》《十忍品》。
二十四、《阿僧祇品》《壽命品》《住處品》。
二十五、《不思議法品》二。
二十七、《如來十身相海品》《佛小相光明功德品》。
二十八、《普賢行品》。
二十九、《寶王如來品》《性起品》。
三十、《性起品》二。

問 十卷

古華嚴經

三十一至三十六卷、《離世間品》。

三十七至四十卷、《入法界品》。

道 十卷

古華嚴經

四十一至五十卷、《入法界品》。

右《古華嚴經》五十卷，高僧支法領，親至印土，取梵文歸此大夏。東晉安帝義熙十四年，於揚州謝司空寺，置華嚴護净堂，同天竺三藏佛陀跋陀羅翻譯。堂前池中，每日有二青衣童子出現，掃洒譯場，其靈感有如此者。其餘具如《感應傳》所載也。

華嚴經

《大方廣華嚴經》，七處九會所説，計八十卷，共三十九品。唐證聖元年乙未歲，于闐國三藏實叉難陀奉詔就大遍空寺重譯。則天皇帝每至法延，遂御製序文。中間祥瑞，亦時感應，如序云：「甘露流津，預夢庚申之夕；膏雨洒潤，後覃壬戌之辰。」此其略也，餘則可知。

大曠兼無際，豎窮橫極方正法自持，軌物生解廣塵刹相含，冲深包羅佛覺斯玄妙，照體圓明華万行可樂，資莊體用嚴飾法成佛，智運融通經泉湧妙義，花貫玄凝。

垂 十卷

《華嚴經·菩提場第一會》，六品十一卷經，普賢菩薩説。

一、《世主妙嚴品》，如來在菩提樹下，登金剛寶座，於一切法，成等正覺。普賢菩薩衆、執金剛神、身衆神衆、足行神衆、道場神衆，主城、主地、主山、主林、主藥、主稼、主河、主海、主水、主火、主風、主空、主方、主夜、主晝，神衆阿修羅衆，此云無酒，迦樓羅衆，此云金翅，緊那羅衆，此云凝神，摩睺羅衆，此云大腹行，夜叉王衆，大龍王衆，鳩槃茶衆，此云甕形，乾闥婆衆，此云尋香行，日天子、月天子，帝釋、夜摩天、兜率天、化樂天、他化自在天、大梵天、光音天、遍净天、廣果天、大自在天，各將天衆。已上四十衆，悉集道場，與如來夙同願力故，能普問法界也。

二、道場衆海，悉已雲集。妙焰海十天王、光明幢十天王、名稱十天王、光明十天王、尸棄梵十天王、自在十天王、善化十天王、知足十天王、時分十天王、因陀羅十天王、日宮十天子、月宮十天子，各得法門，各觀己衆及于十方，佛神力故，各説偈讚。

三、持國乾闥婆王十衆、增長鳩槃茶王十衆、博叉龍王十衆、多聞大夜叉王十衆、摩睺羅伽王十衆、光明天緊那羅王十衆、宮殿主晝神十衆、净光主夜神十衆、一切主方神十衆、普照主空神十衆、光照主方神十衆，各有無量眷屬，各入法門，各觀己衆，如來神力，各説偈言。

四、焰藏主火神十衆、雲幢主水神十衆、寶光主海神十衆、迅流主河神十衆、勝味主稼神十衆、吉祥主藥神十衆、如雲主林神十衆、開花主山神十衆、光曜主城神十衆、莊嚴道場十衆、印手足行神十衆、境界身衆神十衆、妙色執金剛神十衆，各觀己衆，各得法門，以佛神力，各説偈讚。

五、普賢菩薩入不思議解脱法門，妙光菩薩、大明菩薩、通王菩薩、普震菩薩、明髻菩薩、猛慧菩薩、智印菩薩、花髻菩薩、圓滿光菩薩、普音菩薩、净月菩薩、光幢菩薩，諸摩訶薩衆，如來光中，復出微塵數菩薩，各各入無量解脱法門，各各觀無量衆，各各説無量妙偈。

六、《如來現相品》，諸菩薩及一切世間主，作是思惟：云何諸佛地、佛境界、佛加持、佛所行、佛力、佛無畏、佛三昧、佛無能攝、佛眼佛耳、佛鼻佛舌、佛身佛意、佛身光、佛光明、佛聲佛智，及一切世界海、佛海、解脱海等供具，雲中自然出音説偈。世尊知諸心念，齒間放光明，光中復説偈讚。爾時一切世界東西南北上下四維，各有十億佛刹，微塵數菩薩，悉來雲集。各於本方，化蓮華藏師子坐，念念中各出生無量殊勝諸菩薩，光中同聲説偈。如來欲令諸來衆獲如來無邊境界，於眉間放無量光明，現無量神變，光中出微塵數菩薩衆。時一切勝音菩薩、光慧王慧、光明普明慧、奮迅慧海慧、焰髻慧威德慧、法界慧無礙慧諸菩薩等，各説偈讚。毗盧遮那，此云遍一切處。

七、《普賢三昧品》，於如來前，坐蓮華藏師子之座，入一切諸佛毗盧遮那如來藏身三昧，普入一切佛平等性，示現微塵數世界海雲。十方諸佛，各摩其頂。十方世界海，皆有普賢，入此三昧。從此三昧起，一切如來毛孔光明，説偈讚普賢菩薩。

《世界成就品》，普賢以佛神力，觀察世界海、衆生業海、欲海、佛法輪海、三世海、願力海、神變海、普觀道場海，爲説一切世界海，成壞不可思議。復説十種事，世界海依住，形狀體性莊嚴清浄，佛出現劫海住，轉變差別無差別，一一分別其行相，一一頌其所以。

八、《華嚴世界品》，普賢説，毗盧遮那往修諸行，以大願風輪，持花藏世界，蓮華之上。寶輪圍山，金剛寶地。香海圍遶，衆寶嚴岸。山内平地，金剛所成。香海雨間，寶樹花果，衆妙莊嚴。河底莊嚴，亦無量寶。歎此世界，有無量功德。及世界種性，體相形狀依住。一一廣演行相，各説偈言，次説二十重花藏，百佛刹皆所信所感也。

九、妙華光香水海東，次有香水海，名離垢焰藏，出大蓮華，無量世界海以爲眷屬圍遶，次第而説。

十、離垢焰藏香水海東，次有香水海，名變化微妙身，次第百佛刹世界，一一世界無量莊嚴。

華嚴經

十一、《毗盧遮那品》，過去勝音世界，最初世界海有輪王，名喜見善慧，太子名大威光，供養功德山須彌勝如來，次善眼莊嚴如來，次最勝功德海如來，次蓮華眼如來，於此四佛所，修無量行，得無量法。故云耳。

《普光明殿第二會》，經四卷，共六品，文殊師利説。

十二、《如來名號品》，普光明殿蓮華座上諸菩薩，各各思惟。爾時如來知心所念，爲現神變。東方不動智佛文殊菩薩，南方無礙智佛覺首菩薩，西方滅暗智佛財首菩薩，北方明相智佛功德首菩薩，東南方究竟智佛目首菩薩，西南方最勝智佛精進首菩薩，西北方自在智佛法首菩薩，下方梵智佛智首菩薩，上方觀察智佛賢首菩薩，以此十方十智佛九首菩薩，各與眷屬，悉集佛會。文殊稱揚如來名號，十方世界所稱不同，各有百億十千名號也。

《四聖諦品》，文殊告衆云，此娑婆世界所稱苦集滅道聖諦，與十方世界各各差别，無量名字不同。

十三、《光明覺品》，如來於兩足輪間，放百億光明，照三千大千百億四天下百億諸天、百億大海、百億須彌，現百億菩薩出家，百億如來成道、轉法輪、般涅槃。爾時百億佛刹，皆有文殊、九首大士。東方光照，過十佛國百世界千世界，大千世界百千世界百萬世界，一億百億千億無量十方億世界，一一光照。爾時一切處，文殊爲一一衆，説偈稱揚如來無邊功德海行願。

《問明品》，文殊問，心性是一，報受不同。既非衆生，隨形化度。四大無我，好醜差别。所悟一法，示現無量福田等。一果報各異，佛教煩惱。有益無益，受持佛法。不斷貪嗔，智爲上首。讃揚施等，一道出離，報土差别。九首菩薩各以偈答，復問文殊，云何是佛境界？云何因入法知現度智説廣證？以此十問，亦以偈答云：「如來深境界，其量等虚空。一切衆生入，而實無所入。」云云。

十四、《净行品》，智首問文殊，云何得無過失？身語意業及不害不壞，不退轉不動，殊勝無染清净智爲先導等，身語意業生處等，十具足，勝慧等，十慧，因力等十力，蘊等十善巧成就，七覺支，三解脱，六波羅蜜佛，十力圓滿，云何得八部諸天守護？云何與一切衆生爲依爲歸？爲趣爲照？爲明乃至爲無等等二十問。文殊答曰，菩薩居家，知家性空乃至睡眠始寤。當願衆生一切智覺，周顧十方中間，一百四十清净大願，則日用世出世間諸法，當機任運作意，一一成就殊勝妙行，速得圓滿菩提道果。

十五、《賢首品》，文殊問曰：「清净願行，我已説之，殊勝功德，汝當分别。」賢首答曰：「善哉仁者，到此有勝三昧，名安樂，乃至其福最勝過於彼，計百九十頌，罄盡圓宗妙趣。方綱三昧，趣諸神力。」説是法門已，十方世界，六種震動，瑞應也。

《忉利天第三會》，經三卷，計六品，法慧菩薩説。

十六、《昇須彌頂品》，如來神力，不離樹下，而往天宮。帝釋在妙勝殿，遥見佛來，即與諸天莊嚴寶座，躬請於佛。以威力故，一切音樂自然止息。乃稱揚過去十佛，曾來此殿，是故此處最爲吉祥，十方世界悉亦如是。

《須彌偈讚品》，如來願力故，十方世界佛刹，微塵數菩薩，俱來集會。其大菩薩名曰法慧，及一切慧、勝慧、功德慧、精進慧、善慧、智慧、真實慧、無上慧、堅固慧，所從來國，各各不同。其本佛名殊特月、無盡月、不動月、風月、水月、解脱月、無上月、星宿月、清浄月、明了月，各化蓮華藏師子座而坐。十慧菩薩各觀十方，各説妙偈，稱揚如來無邊勝妙所修功德。

《十住品》，法慧菩薩入無量方便三昧，千佛刹微塵數佛所，皆同一號。十方諸佛同音讚歎，各以手摩其頂，從三昧起，告諸佛子云：「菩薩有十種住，所謂發心住、治地住、修行住、生貴住、具足方便住、正心不退住、童真住、王子住、灌頂住，此十住中，每住聞十種法。勤學十法，共成二百法門。」勸進行相，六種震動，説偈。

十七、《梵行品》，正念天子白法慧云：「依如來教，染衣出家，如何得梵行清浄，至無上道？」答云：「應以十法爲所緣，所謂身、身業，口、口業，意、意業。佛法僧戒，應如是觀。如云身是梵行耶，身是梵行耶。一一如此，窮其根源，了不可得。知一切法即心自性，成就慧身，不由他悟。」

《發心功德品》，帝釋白法慧：「初發菩提心，所得功德，其量幾何？」答云：「佛子，假使有人，以一切樂具，供養東西南北四維上下阿僧祇衆生，經於一劫，復教奉持五戒，展轉千千萬萬億億樂具，劫數亦復如是。十善四果，世界成壞，解脱根性差别，欲樂方便，心業煩惱，佛塔等所，一念頃能成就此之大事。盡其塵劫，不能比量。以初發菩提心，不止如是。稱其功德，六種震動。」復説長偈，重宣義也。

十八、《明法品》，精進慧白法慧云：「成就如是菩提心功德，云何修習？以幾法而速得圓滿，成無上道？」答以十不放逸，十種清净，十法歡喜，十法安住，十法速入，十法所行清净，十法清净願，十法大願，十無盡藏，十法莊嚴及無量具足法，自在法陀羅尼法，成就如是等法故。

《夜摩天宫第四會》，經三卷，共四品，功德林菩薩説。

十九、《昇夜摩天宫品》，如來不離菩提場忉利天，而往彼天宫。天王遥見佛來，於寶莊嚴殿中，化蓮華藏師子座，無量珍寶莊嚴。天王曲躬請佛，即入昇坐。天衆憶念善根，佛所深種。乃稱揚過去十佛，曾來此殿。以故毗盧遮那如來，來入此中，最爲吉祥。説偈讚歎，十方世界亦如是現相也。

《天宫偈讚品》，爾時十方佛刹微塵數國土外，有微塵數菩薩，來集會中。其大菩薩名功德林，及慧林、勝林、無畏林、慚愧林、精進林、力林、行林、覺林、智林，所從十慧世界佛所來于此土，佛號常住眼、無勝眼、無住眼、不動眼、天眼、解脱眼、審諦眼、明相眼、最上眼、紺青眼，十佛皆悉來集，各化寶座而坐。十林菩薩各各觀察，諸菩薩衆普及十方，各説偈稱揚毗盧如來願行普周法界。

《十住品》，功德林菩薩，入善思惟三昧，萬佛刹微塵數諸佛，皆同一號，同現其前，讚言：「善哉善入如是三昧。」各以威力共加與無量智，各伸手摩頂，從三昧起，告諸菩薩言：「菩薩行不可思議，與法界空虚等。然有十種，今當宣説。」歡喜行、饒益行、無違逆行、無屈撓行、離癡亂行、善現行、無著行、難得行、善現行、真實行，遂一一分別，解説其行相，所行妙行、難行能行也。

二十、自無著行至真實行，法相説是行門已，六種震動，十方世界悉亦如是，復説偈言。

平 十卷

華嚴經

二十一、《十無盡藏品》，功德林復告諸菩薩言：「佛子有十種藏，所謂信藏、戒藏、慚藏、愧藏、聞藏、施藏、慧藏、念藏、持藏、辯藏。」以此十藏，説其行相，一一無盡。復説十無盡法，而能成就此無盡藏，稱菩薩行也。

《兜率天宫第五會》，經十二卷，計三品，金剛幢菩薩説。

二十二、《昇兜率天品》，如來不離本座，而往天宫。天王遥見佛來，以神力故，於妙寶殿，化一百八十四種妙莊嚴之具，皆功德智慧所生。一百十八天衆，出妙音聲，稱揚讚歎，隨所願行力故，請佛就座，各説偈稱揚，過去十佛曾來故，此吉祥。

二十三、《天宫偈讚品》，佛神力故，十方各有萬佛刹，微塵菩薩俱來集會。其大菩薩名曰金剛幢，及堅固幢、勇猛幢、光明幢、智幢、寶幢、精進幢、離垢幢、星宿幢、法幢。所從來國名曰十妙，其佛號無盡幢、風幢、解脱幢、威儀幢、明相幢、常幢、最勝幢、自在幢、梵幢、觀察幢。十佛各化蓮華藏師子座而坐，現無量神變，説無量法門，與毗盧如來夙同願力。十幢菩薩各觀十方，各説妙偈，稱揚如來所修，回向無量行門。

《十回向品》，爾時金剛幢大士，入智光三昧，十方佛刹微塵數佛，皆同其號，而現其前稱讚。以善根力，各伸手摩頂，從三昧起，告云：「佛子，菩薩有十種回向，所謂救護一切衆生離衆生相回向、不壞回向、等一切佛回向、至一切處回向、無盡功德藏回向、平等善根回向、隨順一切衆生回向、真如相回向、無著無縛回向、法界無量回向。」已上十種回向，一一分別，解説其所修行相。

二十四、不壞回向，等一切佛，至一切處回向法門。
二十五、無盡功德藏，及善根回向，初分法門。
二十六、善根回向，施種種車衆寶等法門。
二十七、善根回向，施皮膚頂髻等，如寶髻、妙身二大士也。
二十八、善根回向中，若見如來，出世以大音聲遍告十方，令一切衆生得聞佛，各得聞正法。然説六十種施自上妙食，至王位皆施。一一施中，一一願無盡。一一引過去佛菩薩所施獲報爲證，如妙眼王菩薩施眼，如是得果。
二十九、隨順衆生回向法門義。
三十、真如相回向所説行相法門。

章 十卷

華嚴經

三十一、無著無縛回向法門。
三十二、法界無量回向初分。
三十三、法界回向中，以法施所修善根等法義，然此十回向中，所演行相，法門無量，其間一一回向，各有偈言，稱揚菩薩所行大行也。

《他化自在天宫第六會》，經六卷，止一品義，金剛藏菩薩説。

三十四、《十地品》，如來在他化自在天宫摩尼寶殿上，金剛藏并解脱月菩薩衆。金剛藏即入智慧光明三昧。諸佛共加如來智力，各伸手摩頂，勸説菩薩智地法門。從三昧起，告諸佛子云：「菩薩有十種地，所謂歡喜、離垢、發光、焰慧、難勝、現前、不動、善慧、法雲。」説此十地名已，默然在定。諸菩薩各各心念，何故不分别地位行相？解脱月知諸心念，殷勤三請，諸菩薩同音共請，如來放光加請，謂之三加五請，乃説歡喜地法門。

三十五、離垢地净戒法門，發光地忍辱法門。

三十六、焰慧地精進法門，難勝地禪定法門。

三十七、現前地智慧法門，遠行地方便法門。

三十八、不動地無盡願法門，善慧地無量力法門。

三十九、法雲地大智法門，説受職法門。十方受職菩薩，悉大歡喜，同來集會，各各放光，證其所説。然十地中法門，唯大機大器者，可以受持誦讀。

《普光明殿第七會》，經十三卷，共十一品，普賢菩薩説。

四十、《十定品》，如來於普光法堂，入刹那際三昧。十佛刹微塵數菩薩，皆住灌頂位，其名曰金剛慧。并普眼等，一百大士爲其上首。各與十佛刹微塵數菩薩俱，皆與如來夙同善根。爾時普眼，問普賢三昧所修妙行。佛言：「今在此會，成就不可思議神變，聞名者皆得三昧。」普眼復問：「今在何處？」佛云：「現在此道場。」普眼與衆，觀察不見，身坐復入三昧，遍觀亦不能睹。從三昧起白佛：「我求見普賢，竟不能得？」佛言：「身語意業，境界無量。」令衆渴仰，殷勤頂禮。普賢即以神力，現其色身及蓮華座。大衆心喜讚歎，佛告普賢，當爲菩薩稱揚三昧。普賢即説十大三昧，所謂普光大三昧、妙光大三昧、遍往諸佛國土大三昧、清浄深心行大三昧、智莊嚴藏大三昧、智光明藏大三昧、衆生差別身大三昧、法界自在大三昧、無礙輪大三昧。此十大三昧，過去、未來、現在諸佛已説。今説當説，若能成就與如來等，無有用分別，普光妙光二三昧法門義趣。

愛 十卷

華嚴經

四十一、佛國深心行，莊嚴藏光明藏，佛莊嚴五大三昧行相，法門義相。

四十二、差別身、法界自在二三昧行相法門。

四十三、無礙輪大三昧行相，普眼聞如是法，問云：「何故不名爲佛？」答云：「入此境界，乃名爲佛。行願無休，乃名菩薩。」

四十四、《十通品》，普賢復爲諸菩薩，説十種通，所謂他心通、天眼智通、宿住隨念智通、天耳智通、佛刹智通、言辭智通、色身智通、一切法智通、滅盡三昧智通、四劫智通。若成就此十大智神通，悉得一切三世無礙智神通。一一分别其行相。

《十忍品》，普賢復爲諸菩薩，説十種智忍，所謂音聲忍、順忍、無生忍、如幻忍、如焰忍、如夢忍、如響忍、如影忍、如化忍、如空忍。一一解説忍中所修義趣，復説妙偈，如音聲忍偈，略云聞一切佛所説妙法，不驚不怖等。

四十五、《阿僧祇品》，心王菩薩白佛：「如來演説，阿僧祇、無量、無邊、無等、不可數、不可稱、不可思、不可量、不可説不可説，其義云何？」佛言：「汝今欲令諸世間入佛數量之義，當爲汝説。自一百落叉，至爲一不可説不可轉，以盡古今大數，止一刹那際。」佛復説偈，大旨則身口意業，世出世間一切諸法，及日用動止，皆不可説不可説。至如塵毛境界，亦不可説不可説。

《壽量品》，心王爲諸菩薩言：「釋迦佛、彌勒佛、金剛堅佛、善勝光明佛、法幢佛、師子佛、光明藏佛、法光明蓮華佛、神通光明月智佛，此十佛世界，一日一夜，一劫展轉，而超乃至過百萬阿僧祇世界。最後世界一劫，於賢勝如來國土中，所壽量計前佛刹，爲一日一夜，以見其壽量長短也。」

《菩薩住處品》，心王爲佛言：「東方仙人山金剛勝菩薩，南方勝峰山法慧菩薩，西方金剛焰山無畏行菩薩，北方香積山香象菩薩，東北方清凉山文殊師利菩薩，海中講故事法起菩薩，東南方支提山天冠菩薩，西南方光明山勝賢菩薩，西北方香風山香光菩薩，大海中莊嚴窟等，一一處皆有菩薩，各有眷屬數衆，於中止住而常説法，利益無量，唯有緣有智眼者見之。」

四十六、《佛不思議法品》，爾時會中諸菩薩，作是念：諸佛國土、本願、種性、佛出現、佛身、佛音聲、佛智慧、佛自在、佛無礙、佛解脱，以此十問，云何不思議？如來知諸心念，以神力光照，智慧攝受，令青蓮華藏菩薩，住佛無畏，入佛境界，而告諸佛子，答前所問，説一百九十種十十法門，一一如來不思議境界故。

四十七、説十種廣大佛事，則示現兜率、入胎、出胎、王宫、逾城、修道、成正覺、轉法輪、入涅槃等相，説十十法門，計一百法，答前所問，顯圓融妙義，重重無盡也。

四十八、《如來十身相海品》，普賢告諸菩薩言：「今爲汝等演説如來十身所有相海。如來頂上有大人相，乃至九十七左足指端佛神變處大人相。如來示現之相，或三十二，或八萬四千，此止九十七大人相，并華藏海微塵數大人相。如來一一身分，衆寶妙相以爲莊嚴，各有微塵數妙寶，而爲眷屬，以表佛身莊嚴無盡也。」

《如來隨好光明功德品》，佛告寶手菩薩言：「佛子，如來有隨好，名圓滿王。此隨好中出大光明，名爲熾盛，七百萬阿僧祇光明而爲眷屬。我爲菩薩時，於兜率天，放大光明，名光幢王，照十佛刹微塵數世界。彼地獄衆生遇斯光者，衆苦休息，而生兜率天中。」有鼓名甚可愛，發音告諸天子言「汝等心不放逸，於如來所有無量三昧功德光明。」一一誨諸天子，速令親近，遂化種種供具，往瞻如來。不即睹見，却復觀察，已下生浄飯王家。鼓聲告云：「各當發菩提心。」

四十九、《普賢行品》，普賢告諸菩薩言，向所説但隨根器，略説如來少分境界。諸佛爲見衆生無智，作惡計我、我所，執著顛倒、疑惑邪見、分別結縛，常共相應，隨生死流，遠如來道，故出于世。佛子，我不見一法爲大過失，起一嗔心，生百萬障門。所謂不見菩提障，不聞正法障等一百障法。應勤修十種法，十種清浄、十種廣大智、十種普入、十種勝妙心、十種佛法善巧智。説是法已，十方十不可説微塵數世界，六種震動。十佛刹微塵數菩薩來詣此土，克滿十方。各作是念：我等一切皆名普賢。於是普賢，復説妙偈。

五十、《如來出現品》，爾時如來放大光明，名如來出現。照十方盡虛空界，入如來性起妙德菩薩頂。於是白佛説偈，如來即於口中放光明，名無礙畏，入普賢口。妙德問：「云何是如來出現之法？願爲我説身相言音心意境界，所行之行，成道、轉法輪、般涅槃，見聞親近所生善根。」復説偈言，普賢告妙德云：「此處不可思議。」遂説如來十種出現相，十種如來身相，皆不可思議故。

育 十卷

華嚴經

五十一、如來音聲如來心，各十種相所喻，云有聰智人，見一塵中有大經卷，量等三千大千，及説偈稱揚。

五十二、如來境界，如來所行行，如來成正覺，如來轉法輪，如來般涅槃，如來見聞親近，各十種法説，六大譬喻。説是法已，六種震動，無量莊嚴，千萬億那由他佛刹，微塵數菩薩，從他方來詣此中，充滿十方，同音稱揚，讚此法門故。

五十三、《離世間品》，爾時如來妙悟皆滿，十不可説，百千億那由他佛刹，微塵數菩薩，悉集佛所。其大菩薩，名普賢、普眼、普化、普慧、普見、普光、普觀、普照、普幢、普覺等，十大士皆悉成就普賢願行。爾時普賢入佛華三昧，從三昧起，普慧發二百問，普賢以一答十。何等爲菩薩依，爲奇特想，爲行，爲善知識，爲勤精進，爲心得安隱，爲成就衆生，爲戒，爲自知受記，爲入菩薩，爲入如來，爲入衆生心行，爲入世界，爲入劫，爲説三世，爲入三世，爲發無疲厭心，爲差別智，爲陀羅尼，爲演説佛，爲發普賢心，爲普賢行法，爲起大悲，爲發菩提心，因緣，爲於善知識起尊重心，爲清净，爲波羅蜜，爲智隨覺，爲證知，爲力，爲平等，爲佛法實義句，爲説，爲特，爲辯才，爲自在，爲無著性，爲平等心，爲出生智慧，爲變化，爲力持等四十二問，答四百二十種法門妙義。

五十四、爲得大欣慰，爲深入佛法，爲依止，爲無畏心，爲發無疑惑心，爲不思議，爲巧蜜語，爲巧分別智，爲入三昧，爲遍入，爲解脱門，爲神通，爲明，爲解脱，爲園林，爲宮殿，爲所樂，爲莊嚴，爲發不動心，爲不捨深心，爲觀察，爲説法，爲清净，爲印，爲智光明，爲無礙住等二十六問，答二百六十法門。

五十五、爲無下劣心，爲如山增上心，爲入如海智，爲如寶住，爲發金剛大乘誓願，爲大海起，爲究竟大事，爲不壞信，爲授記，爲善根回向，爲得智慧，爲發無邊廣大心，爲伏藏，爲律儀，爲自在等十五問，答一百五十種法門妙義。

五十六、爲無礙用，爲衆生無礙用，爲刹無礙用，爲法無礙用，爲身無礙用，爲願無礙用，爲境界無礙用，爲智無礙用，爲神通無礙用，爲神力無礙用，爲力無礙用，爲境界，爲遊戲，爲力無畏，爲不共法，爲業，爲身，爲身業，爲語，爲净修語，爲得守護，爲成辦大事，爲心，爲發心，爲周遍心，爲諸根，爲深心，爲增上深心，爲勤修，爲決定，爲決定解，爲決定解入衆生界等三十三問，答三百三十種法門，皆徹法圓融妙義。

五十七、爲習氣，爲取，爲修，爲成就佛法，爲退失，爲佛法道，爲離生道，爲決定法，爲出生佛法道，爲大丈夫名號，爲無量道，爲助道，爲修道，爲莊嚴道，爲足，爲手，爲腹，爲藏，爲心，爲被甲，爲器伏，爲首，爲眼，爲耳，爲鼻，爲舌，爲身，爲意，爲行爲住，爲卧，爲坐，爲所住處，爲所行處，爲觀察，爲普觀察，爲奮迅，爲師子吼等三十九問，答三百九十法門。

五十八、爲清净施，爲清净戒，爲清净忍，爲清净精進，爲清净定，爲清净慧，爲清净慈，爲清净悲，爲清净喜，爲清净捨，爲義，爲法，爲福德助道具，爲智慧助道具，爲明足，爲求法，爲明了法，爲修行法，爲魔，爲魔業，爲捨離魔業，爲見佛，爲佛業，爲慢業，爲智業，爲魔所攝持，爲法所攝持，爲住兜率所作業，爲兜率天宫没等三十問，答三百法門。

五十九、爲現處胎，爲現微細事，爲現初生，爲現微笑，爲示行七步，爲現童子地，爲現處内宫，爲現出家，爲示苦行，爲往道場，爲坐道場，爲道場奇特相，爲示降魔，爲成如來力，爲轉妙法輪，爲白净法，爲示涅槃等十七問，答一百七十法門。

普賢説此二千法門已，十方諸佛同音讚言：「善哉仁者，快説如是功德行處决定義華。」普賢復觀十方及于法界，而説偈言。

《逝多林第九會》，經二十一卷，止一品，如來神力故説。

六十、《入法界品》，如來在逝多林大莊嚴重閣，菩薩五百人俱，文殊、普賢爲上首，十幢、十威力、十藏、十眼、十冠、十髻、十光、十音、十上、十勝、十自在王、十覺等，如上菩薩及與眷屬俱。

如來知其心念，大悲爲身、爲門、爲首，即入師子嚬呻三昧，威神力故，遍作莊嚴十方世界，各各有佛及菩薩衆，各來詣此，觀廣大神變無量境界。舍利弗諸聲聞衆雖在會中，不見不聞。如來如是境界威神，諸大菩薩，各以佛神力故，各説偈稱揚毗盧如來，顯示如是法界法門妙境。

黎　十卷

華嚴經

六十一、普賢説此師子吼嚬呻三昧功力，十種法門，復説偈言。如來欲令菩薩衆安住此三昧，眉間放大光明，普照法界。逝多林中，變種種神變，種種法門，種種三昧等相。文殊睹此神變，而説偈讚。諸菩薩聞已，各入如是三昧，現無量境界。文殊將諸大衆，出善住閣，漸往南方，遊行人間。舍利弗將六千衆，隨從親近。如象王回，説十種法門，各各悟入佛境界門。

六十二、文殊勸諸比丘，發菩提心，即往南方。至福城大塔廟處古佛菩薩所種善根處，人天普集，爲説普照法界修多羅。城中無量人衆，皆悉來詣其中。五百優婆塞、五百優婆夷、五百童子、五百童女，至文殊所，右遶頂禮。爾時文殊，觀察善財及諸人衆，爲説法要，及説妙偈。如象王回，觀善財等，皆發菩提心，勸近善知識。善財乃問：「云何學菩薩行，云何修，云何趣，云何行，云何净，云何入，云何成就，云何隨順，云何憶念，云何增廣，云何令普賢行速得圓滿？」發如是等問，文殊爲説偈畢，指南方妙峰頂德雲比丘，海門國海雲比丘，海涯聚落善住比丘三善知識所，各悟入法界法門。

六十三、善財參彌伽長者、解脱長者、海幢比丘、休捨優婆夷。

六十四、善財參毗目仙人、勝熱婆羅門。

六十五、善財參慈行童女、善見比丘、戲沙童子、具足優婆夷、間智居士。

六十六、善財參寶髻長者、普眼長者、無厭足王、大光王、不動優婆夷，各授己法界法門也。

六十七、善財參遍行外道、鬻香長者、婆施羅船師、無上勝長者、師子嚬呻比丘尼。

六十八、善財參婆須密女、鞞瑟胈羅居士、觀音菩薩、正趣菩薩、力天神、安住地神、婆珊婆演底主夜神。

六十九、善財參普德浄光主夜神、喜目觀察主夜神。

七十、善財參普救衆生妙德主夜神，所悟入門。

首 十卷

華嚴經

七十一、善財參寂静音海主夜神，守護一切城主夜神所悟法門。

七十二、善財參開敷樹花主夜神。

七十三、善財參大願精進主夜神。

七十四、善財參毗嵐園中妙德神。

七十五、善財參釋種瞿波女。

七十六、善財參摩耶夫人、天王、光女、童子、師遍友衆藝童子、賢聖優婆夷、沃田堅固長者、妙月長者、無勝軍長者、最寂静婆羅門。

七十七、善財參德生童子、有德童女、指參慈氏、至莊嚴閣前，見從外歸，問訊諮請法界法要。

七十八、善財曰彌勒言：「我聞仁者，授一生記。我已發菩提心，未審如何學菩薩道，修菩薩行。」重重問已，彌勒乃讚：「善哉仁者，菩提心難發，汝今已發，是欲爲一切衆生成就佛道。」復説二百一十餘種菩提心，成熟善財善根。

七十九、善財白言：「唯願仁者，開樓閣門，令我得入。」彌勒彈指，樓閣門開。善財即入，門即還閉。乃見無量無邊阿僧祇莊嚴境界，及見自身與彌勒，并三世佛因地所修。行菩薩行種姓國土，見在無量佛刹佛示生化導等事。爾時彌勒即攝神力，入樓閣中，彈指作聲告云：「起法性如是。」善財從三昧起白言：「聖者，此解脱門名字何等？」告云：「名入三世一切境界不忘念智莊嚴藏，此一生大士之所能得。」善財問此莊嚴事何處去？曰來處去。曰從何處來？曰從智慧神力中來。智慧神力中住，無有去來，亦無住處。非集非常，遠離一切。如龍王降雨，不從身出，亦不從心生。種種爲善財説，却云：「文殊是汝知識，宜往參見。」

八十、善財依彌勒教，漸次經遊一百一十餘城，到普門過，住其門所。一心思惟文殊，思欲奉近。文殊遥伸右手，過一百一十由旬，按善財頂云：「若離信根，心劣憂悔，功行不具，退失精進。」再三宣説，令如普賢所行道場，及置善財自所住處。文殊還攝不見，於是善財得見三千大千世界微塵數善知識，悉得受行其教。欲見普賢，即於此金剛藏菩提場毗盧遮那如來師子座前一切寶蓮華座上，起等虚空界廣大心，及現一切神變光明。一一毛孔，一一身念念中畜生無量無邊佛境界，同善根力。普賢告云：「仁者見我此神通力不？」曰：「唯然已見。」乃云：「我於過去不可説劫，爲求一切智，難行能行，一切苦行，集無量善根，成此智力。」乃爲善財重宣妙偈，復爲説佛功德海一滴之相，以頌告之耳。

右《華嚴經》，若五十卷，謂之晉譯。若八十卷者，謂之唐翻。其間品目義意，則大同小異也。李長者《論釋》，則全彰理而泯事。觀國師《疏解》，則即現事而顯理。故一塵一毫，理事圓融。一色一香，佛境現前也。此所以然者，俾發函開卷，便見緣起行相。若窮頓圓妙義，則《疏》《論》存焉。

臣 十三卷

信力入印法門經

《信力入印法門經》，五卷。

一、有大信力，入佛境界，印其自心，造此法門也。文殊問入初地法，佛云，欲清净歡喜地，修五種法也。

二、歡喜地中，得大無畏，修五種法也。

三、歡喜地中，欲得安隱之處，修五種法門也。

四、文殊問如來無礙智、如來教化衆生力，普賢如問答之。

五、如來自然智、普見、名稱、差別、依止、身相、頂相、住持、八因緣義。

如來德智經

《如來德智經》，二卷。

智光嚴經

《智光嚴經》，一卷。

如來智德經

《如來智德經》，一卷。

華嚴佛境界經

《華嚴佛境界經》，一卷。

如來不思議經

《如來不思議經》，一卷。

已上五經，與《華嚴經》中《不思議法品》同本各譯。

義也。

華嚴修慈分

《華嚴修慈分》，一卷。彌勒大士問佛：「如何得速成菩提？」佛云「當修慈心調伏衆生」等義也。

金剛髻珠菩薩修行分

《金剛髻珠菩薩修行分》，一卷。普思義菩薩問：「云何修行，悟入三摩地？」佛云：「如無悟入，是名悟入。如我悟入。」菩提以無所得，乃云：「過去有王，名金剛髻珠，於光明如來等佛所，悟入而無所悟所入，王即我也。」

伏 十三卷

漸備經

《漸備經》，五卷，與《華嚴經·十地品》同本。

十住經

《十住經》，一卷。

十住道行經

《十住道行經》。

已上二經，《華嚴經·十住品》同。

菩薩本業經

《菩薩本業經》，一卷。

求佛本業經

《求佛本業經》，一卷。

已上二經，《華嚴經·净行品》同。

莊嚴菩提心經

《莊嚴菩提心經》，以六度無盡行，莊嚴自心成佛。

普賢所説經

《普賢所説經》，告諸佛子，各觀不身及佛身所有境界。

菩薩十地經

《菩薩十地經》。

已上三經，同本異譯，皆《華嚴經》眷屬所攝也。

兜沙經

《兜沙經》，《華嚴經》中，《如來名號品》同。然十方佛來，各坐交露帳中，猶如兜沙應現。

戎 十二卷

如來興顯經

《如來興顯經》，四卷，《華嚴經·如來出現品》同本。

十住經

《十住經》，四卷，《華嚴經·十地品》同。

等目菩薩經

《等目菩薩經》，三卷，《華嚴經》中《十定品》同。

佛土功德經

《佛土功德經》，《華嚴經》中《壽量品》同。

羌　十卷

度世經

《度世經》，六卷，《華嚴經》中《離世間品》同。

羅摩伽經

《羅摩伽經》，三卷，《華嚴經》中《入法界品》同。

華嚴入法界品

《華嚴入法界品》，善財參摩耶夫人等九善知識所悟法界法門，乃大周時三藏地婆羅訶譯出别行。

右四帙，計四十八卷，與《華嚴經》中品同各譯，或《華嚴》眷屬所攝。今但指其所歸，俾看經者通照大部，則曉其名題而不疑也。

大涅槃經

《大涅槃經》，總六部，計五十八卷，共六帙。正部十卷，則北涼天竺三藏曇無讖所譯，宋元嘉中重定耳。

大寂體圓極，無處不用般涅槃楚語也，此云滅度，或云圓常，或云滅盡，或云寂滅，則常樂我净四德經如前解義。

遐 十卷

大涅槃經

一、《壽命品》，佛在拘尸那國力士處生，二月十五日將涅槃。時出大音聲，遍告十方，若有所疑，今悉可問。從其面門，放大光明，照十方界。衆生見者聞者，無不悲惱。聲聞菩薩人天龍鬼四十餘衆，各來廣陳最後供養。悉皆不受，悲泣無量也。

二、純陀白言：「願受微供。」佛告云：「汝今於我，欲求壽命，色力安辯？」遂論其施者受者，一一無差别。復以偈言，更相讚美。又與文殊廣論法義，又復放光告純陀諸比丘衆：「汝等莫生悲惱，但安住秘密藏中，如伊字三點，勸修無我想，我定涅槃。」諸比丘再三請佛住世，佛云：「我無上正法，付囑迦葉，當爲汝等作大依止。」乃喻王病，愚醫不能治，良醫治之。佛之出世，如大智醫王，或信不信。

三、佛云：「汝等於戒律中，有所疑者，恣汝請問。」於是迦葉菩薩以偈問曰：「云何得長壽？云何於此經？云何得廣大？」如此致三十問，佛即答之。以牛乳添水，爲喻破戒比丘壞滅正法。若行慈心，必益壽命。視諸有情，如羅睺羅，法性常住，無有生滅。過去爲王，護持戒，説法比丘，獲金剛身，堅固不壞。佛身非世間法，正知正見，即見佛身。名字功德，是大般涅槃。受持流布，得無量福。

四、《如來性品》，佛告迦葉，涅槃有四相義。一自正，二正他，三隨所問答，四善解因緣義，廣爲分别。即有女人，抱兒來坐，辨食蘇乳消不消，及説示現納耶輸。而有羅睺羅，入胎示生。東七步爲人天最上，南七步與一切衆生爲福田，西七步永斷老死，北七步已度諸有。四維各七步，斷種種煩惱。上七步不爲物污，下七步法雨滅地獄火。乃至受樂出家苦行，受乳詣樹，受草登座，降魔説法等緣。

五、迦葉云：「如來唯有密語，無有密藏，喻如秋空滿月，皆令得見。種種喻已，我爲聲聞波斯匿王，説半字義、常存不變義、涅槃解脱義、無量義解脱義。如來止於一義，無二種語。若一義者，何有三歸？以衆怖生死故。若見真實，即如來法身一義也。」

六、佛言：「我滅度後，有四人出現世間，謂須陀含等，不依如是四人説。破戒比丘喻旃陀羅，此云嚴熾。爲王破戒者，不當紹法王位。」次說依法者，如來也。不依人者，謂聲聞人也。依義者，即菩薩也。不依語者，即世俗文華也。依智者，即如來也。不依識者，分別也。依了義者，真實智慧也。不了義者，聲聞乘也。廣說此四依義，乃如來悲憫末世比丘故，作是說也。

七、如我所説，當依止如是四種人。我滅度後七百年，有四魔漸當出現，沮壞我之正法。若言如來生浄飯王家等事，是魔説。若謂久成正覺爲教化衆生，乃是佛説也。若謂周行七步，是不信，是魔説也。若謂方便示現七步，是佛説也。一切衆生皆有佛性等，一一如是。反之覆之，是魔説、是佛說，如前例之。防護自身，如龜藏。六點慧、四諦、四顛倒、力士額珠等，喻法一切因緣。

八、佛云：「我説方等經，亦如甘露，亦如毒藥，不得於二乘人等前分別三歸。雪山香草，牛食純出醍醐。」廣演一乘佛性，半字滿字，月有圓缺。二乘不見佛性，菩薩見性不了，唯如來了了見性。十四音名爲字義，噁噁阿阿阿阿億伊伊伊伊郁郁優優煙嘢嘢烏炮庵阿迦佉伽咱俄遮車闍饍喏吒他茶祖拏多他陀彈那波頗婆滼摩蛇囉羅和奢沙婆呵嗏魯流盧樓，吸氣舌根隨鼻之聲，長短起聲，隨音解義，皆固舌齒，口業清浄也。

九、如來涅槃，猶如月隱，種種譬喻。一闡提者，此云信不具，不見佛性。良醫八種藥喻，仙陀婆鹽器水馬，四法同名。智臣善别，喻如來四種密語，謂常樂我浄。我滅度後，大乘經典，如牧牛女賣乳，展轉添水入到城中，止有苦味。末世比丘，壞佛正法，亦復如是也。

十、文殊白佛，純陀有疑心。佛乃説偈：「本有今無，本無今有。三世有法，無有是處。」乃説衆喻。一切衆生皆有佛性者，與佛何别？

《大衆所問品》，爾時如來放大光明，即受純陀供，與諸聖衆等受，安慰大衆，佛説偈言，以神變力，令諸天人各各自見如來受我最後供養。復爲純陀説破戒義，文殊説阿闍世王害母殺父，與佛各説偈爲答，如云一切江河必有迴曲，一切女人必有諂曲等諸偈義。

邇　十卷

大涅槃經

十一、《現病品》，迦葉白言：「如來已除一切病苦，何故云背痛？」佛云：「爲比丘畜八不浄物，故示現耳。猶如虚空，云何有病？最爲難治，一謗大乘，二五逆，三闡提。如是三病，世間極重。若遇良醫，即漸獲安。若不遇者，死入地獄。有五種人，有病行處，非如來也，四果等是也。」

《聖行品》，一聖行，二梵行，三天行，四嬰兒行，五病行也。行聖行者，精修戒律，過海浮囊。

分毫不可與者，乍可熱鐵纏身。不著信心衣，乍可吞熱鐵丸。不喫信心食等義，喻佛菩薩所行聖戒、聖定、聖慧、七覺等行。

十二、當觀自身種種相處，修四念處觀，説四諦法。功德天黑暗女爲喻生死，智者俱棄。令觀生老病死因緣，乃云過去善住王頂上，生一肉塊，後生出一子，名頂生王。爲生愛著，即墮天宫。證别離怨憎苦等緣，令人覺悟無常等。

十三、説集滅道諦、第一義諦、真諦、實諦行相，種種喻之，遂與文殊反復徵詰，令達常樂我净要義也。

十四、我觀諸行，悉皆無常，諸法無我。廣説是義，爲憍陳如等，轉妙法輪。世語出世語，得二十五種三昧，破二十五種有愛，及因中捨身，於羅刹求半偈。行是聖行，超過彌勒，早成正覺。偈云：「諸行無常，是生滅法。生滅滅已，寂滅爲樂。」乃天帝釋化身爲羅刹，以驗聖行也。

十五、《梵行品》，佛言：「行七法具足梵行，知法、知義、知民、知自、知衆、知時、知尊卑、知法者、知十二部經及四句偈，諸惡莫作，衆善奉行，自净其心，是諸佛教。及修四無量心，是修梵行并偈也。」

十六、佛修慈行，提婆達多教阿闍世王害如來。是時入城乞食，遣醉象來踏如來。即以慈定，舒手現五指，師子自然調伏，大石力士，不動分毫。以慈力擲在虚空，化盧至化女人，爲調達爲五百賊，悉以慈心而爲之。佛修慈悲喜捨行，極愛一子地，難行一切苦行能行，爲曠野鬼起慈心，化度令比丘出生等緣。

十七、能如是知，得何等利？佛言，得四無礙、四無畏等法義第一義空。重説本有今無、本無今有偈義意，皆梵行所修妙行之義也。

十八、佛言，世間所不知覺，令念佛、念法、念僧、念戒、念天、念施。所謂念佛者，思其十號，一一分別，六念皆然。及説破戒比丘。

十九、阿闍世殺父，後遍體生瘡。自念此身已受花報。智臣月稱問云：「大王今身痛耶？心痛耶？」王曰：「非止身心痛也。我造惡業，今將奈何？」一切大臣各説請六師等來，或醫或治，最後耆婆云：「唯佛是最上醫也，能治身治心。」勸往見佛，空中出聲，復勸王，乃回心，敕備駕往見佛也。

二十、佛遥見王悶絶僻地，佛即入月慈三昧，放光照王，即時病除。王謂耆婆曰：「佛真慈悲，不見我罪。」與諸眷屬即到佛所，佛爲説法，即悟無生。

《嬰兒行品》，哆哆啝啝婆婆羅羅，無所分別，與造化氣合。

壹　十卷

涅槃經

二十一、《高貴德王菩薩品》，佛言：「修行如是大涅槃，得十功德。一者有五，一不聞得聞，二能爲利益，三斷惑心，四慧心正直，五知如來密藏。」復爲廣説。德王曰：「生已不生，不生不生。聞已不聞，不聞不聞。得已不得，不得不得。」復有光明來照，衆不知處。佛敕文殊爲説，乃云東方滿月光佛所有菩薩，名琉璃光，今亦説大涅槃經。有不聞聞，有不聞不聞，有聞不聞，有聞聞。次説到不到了因作因布施等緣。

二十二、問：「聞所不聞，十二分教《大涅槃經》，佛爲分別。涅槃妙體，令人信受。過去釋迦佛出世説涅槃時，我爲貧人，賣身肉一日供三兩，滿一月得金錢五文。住佛所聽得一偈云，如來證涅槃，永斷於生死。若有至心聽，常得無量樂。誦此一偈，身無痛苦。即發菩提心，記我字釋迦摩尼佛也。」

二十三、善護身心，生三種惡覺，廣説過患。身相名一篋，地等四毒蛇。五陰旃陀羅，六入空聚落。六塵六大賊，貪愛詐親友。煩惱一道河，戒定草木筏。渡到涅槃岸，得大自在身等緣。

二十四、昔不得今得，昔不聞今聞，昔不見今見，昔不到今到，昔不知今知。云何爲身爲心等，一一解説。第一義慈，於身於心生决定想。定爲菩提器，施受四義，一施净受不净，二受净施不净，三施受俱净，四施受俱不净。修涅槃經典，爲佛菩提。一一中修十事，精持修得金剛三昧。

二十五、修習涅槃微妙經典，有四法。一親近善友，二專心聽法，三繫念思惟，四如法修行。人若有病，須得良醫。王若治國，須用智臣。佛性佛相，僧相法相，説諸法義。復云，昔在尼連河畔，波旬請入涅槃，我云未有神通智慧弟子。後又來云已有弟子，我告云且候三月。乃説八功德，其間破五陰、成六念、斷邪見等，五成六事定不定等義。

二十六、成就第九功德，有五事。一信，二直心，三戒，四近善友，五多聞解其義趣。復説成就第十功德，修三十七品法門。白衣高座説法，比丘作聽徒，爲利養故如是也。當時説之，今已見耳。

二十七、《師子吼菩薩品》，佛云，汝等若疑有佛無佛，有法無法，有僧無僧，乃至有報無報等，師子吼白佛：「我有所問，唯願聽許。」佛云：「如師子哮吼，四顧欠呿嚬呻，香象怖走，陸者藏伏，飛者墜落。恣汝所問。」師子吼曰：「云何爲佛性？以何義故，名佛性？何故不見衆生所有佛性？菩薩住何等？以何眼不了了見佛性？佛住何等？以何眼了了見性？」佛云：「第一義空名佛性，即是智慧、十力、四无畏等法，爲見佛性也。」

二十八、行細心不正，心細行不正，心細行正，心不細行不正，心如何可知？佛説持戒破戒，鴿在舍利弗影中及我影中，乃知是究竟戒。了因、正因、緣因，此三因行相法門，所謂作如是因，獲如是果。

二十九、佛説，一切諸法，皆有二因。乃説八喻，如我問波斯匿王，四方四山來逼，將害人民，如何迴避？王曰：「無迴避處，唯持戒布施。」佛言：「如是如是。生老病死來逼於人，勸修戒定慧，可免四山逼也。」佛因中爲善見，及爲太子，時修道成佛，弟子名字令舍利弗與須達長者造立精舍，住其中説法，皆夙緣如是也。

三十、六師外道生嫉妬心，佛以慈悲方便化喻。如言長者婦姙，腹中是女，佛云是男。外道即將毒藥，害其婦死。佛即神力，火中救出其子。復爲師子吼説，雙林示滅，入大寂定，時分化導，乃云何等比丘，能莊嚴婆羅覺花樹林等緣。

體 十卷

大涅槃經

三十一、佛言修奢摩他，此云止。毗婆舍那，此云觀。除煩惱，成智慧。然有二法，一定，二智。師子吼重問佛，即答之，説三世業現報後報。提婆達多刺目奪珠，歌利割截身體。復説善業惡業果報，唯身戒心慧禪定可免苦也。

三十二、衆生定有佛性，决得菩提，何更修人正道。佛以恒河爲喻，習浮者不没。如王象衆盲共摩，各雖説異，未免是象，但不得全體。胎卵濕化四生，各隨緣起業報，闡提非法説法，法説非法，一切善法皆顯佛性，諸禪觀及根力覺道慈悲喜捨等。

三十三、《迦葉菩薩品》，佛得八自在，爲大醫師，何故善星却入地獄？佛以三子爲喻，有善與不善也。善星種種毁佛，無分毫信心，雖入佛法中，不得其利。喻入大海不得其寶，何故受他出家？若不如是，當紹王位得自在。故壞無量善根，故畜養二十年，説涅槃名字無盡也。

三十四、化香山中五萬仙人及三十萬力士，説色無常等義。以神力移石上天，致掌吹作微塵。阿闍世王殺父等緣起，皆往昔所化方便。

三十五、闘諍執著斷善根，何等是耶？聰明黠慧，善能分别。遠離善友，不如法住。廣招因果報應，各觀十二因緣行相。

三十六、隨自意語，闡提人有佛性，善根無佛性。或云善根人有佛性，闡提人無佛性，或二俱有，或二俱無。會四句義者，即解隨意，如大魚見光即浮，光没即没。調達等比丘，暫浮還没，舍利弗等永浮也，没者謂入地獄也。説煖頂忍世第一，三界所斷煩惱。

三十七、衆生佛性，猶如虚空，非過去現在未來。如來佛性，非佛性。一切牆壁瓦石，無情之物皆佛性。依三世攝，不依三世攝，具足十法，不與世諍。一信心，二戒净，三近善友，四善思惟，五具精進，六存正念，七具智慧，八能正語，九樂正法，十證解脱。一切不善法，皆從煩惱生。我如三世佛，能觀五陰、常、無常虚假不實，是故不與世間一切智者諍，是故不爲世法染污故。

三十八、如何是清净梵行？佛言，一切法是能修三十七助道法，是梵行，能修十事，速得涅槃。一無常想，二苦想，三無我想，四厭食想，五不可樂想，六死想，七多羅想，八離想，九滅想，十無愛想。浮爲解説十想中義味，令悟性也。

三十九、《憍陳如品》，佛爲説色受想行識無常，滅苦因是，獲得解脱。若如是觀者，名爲沙門。於大衆中，作大師子吼。是時有外道，或毁佛，或讚佛，或難佛，或論議。如尼先梵志云：「佛先責我不平，佛今更不平，何故以吉向己，不吉向我？」佛云：「我不平破汝不平，是故汝平我之不平，即吉也。我之不平破汝之不平，令汝得平，即是我平。何故同諸聖人？得平等故。」反復論其作因作緣，悟煙火喻，投佛出家得道。

四十、犢子梵志問佛：「世有善耶？有不善耶？」佛云：「我爲汝略説。解脱是善，嗔恚是不善等義。」亦反復難佛，投佛出家得道。納衣梵志問佛云：「一切惡法從煩惱生，煩惱在先，身在現先耶？若身在先，煩惱何因而入？若煩惱在先，安在何處？」亦反復論義，投佛出家。佛問阿難所在，憍陳如云，今被六萬四千魔化如來像，説一切法，禍亂極苦。文殊云，何不問諸菩薩，却問阿難？佛云，常爲侍者，給侍無諸過失，所聞法要不遺一字。今要付囑涅槃妙典，乃説咒，令文殊往救，同來諸魔盡發菩提心。佛令阿難去報須跋陀羅云，此番善賢，如來今日當入涅槃，如有所問，宜往見佛。須跋即至，問佛業報，論其實相。會中菩薩聲聞人天，聞是法皆得法忍，出家得道。

右《大涅槃經》四十卷，共十三品。迦葉菩薩、高貴德王菩薩、師子吼菩薩、憍陳如，此四大士會中當機，請問如來，爲開闡一乘佛性妙義，則凡是有情，本來具也。實最後垂範，至極之談。其攝諸外道，如法出家，得果因緣報應，靡不詳示。然以正法付囑迦葉傳布，開覺人天。末後比丘持净戒者，則真佛子，弘揚妙法。若破戒者，則魔眷屬，壞亂聖教。斯言有徵，覽者得不愧心耳。

率　八卷

涅槃經後分

《涅槃經後分》，二卷。

一、《陳如品》，須跋陀羅得果，留佛住世，不果所願，先取涅槃。有無量比丘衆哀泣，佛即安慰。

《遺教品》，佛告衆云：「吾滅度後，當弘妙法。」阿難没在憂海，優波離云：「如來今日即有，明日即無，汝莫愁苦，當問四事。」梵檀，此云默擯。治惡比丘，以戒爲師。四念處住，教安如是也。阿難復問：「若有施佛塔物，現在未來如何支用？如來涅槃以何法則而得舍利？如何造塔？」佛云：「如輪王法，次第安排。」如來復於座上，現其金相，胸臆湧身虚空，二十四反，令衆觀察，告云：「今日即見，無復再睹。」

《應盡還源品》，爾時如來告衆云：「我今時至。」即入禪定，自初禪、二禪、三禪，往反二十七遭已，復告衆入四禪定，寂然無聲，示涅槃相。一切人天，十方世界，無不號泣者。

二、《機感荼毗品》，爾時人民、帝釋、阿難議論如輪王法，金棺白氎既安置已，諸力士欲移棺入城，不動分毫。如來神力，金棺自舉。諸天諸主，各陳供養。爾時大迦葉與五百弟子，從山中來至，已悲泣無量。如來平等慈悲，金棺即開，示其雙趺，相好無量。人天以火就焚，無有燃者。聖自火焚，示其神力。

《聖軀廓潤品》，爾時帝釋將寳瓶，取佛一牙，上天建塔。俱尸城内一切人民，及諸國王，各各來取佛舍利。迦葉一一分俵，使無諍競，而各得利益。

大泥洹經

《大泥洹經》，六卷，《大涅槃經》前分同本耳。

賓 十卷

大悲經

《大悲經》，五卷。

一、《梵天品》，諸天聞佛入滅，悉至佛所。梵天問曰：「我云何住，云何修？」佛爲説修住法門，皆得法忍。

《商主品》，來詣佛所，請佛住世。佛言：「汝父請我入滅，汝復留我？」告佛云：「我父邪見，則是怨害，留佛不允，悲惱無量也。」

《帝釋品》，白佛云：「我云何住？佛在世時護持於我，佛滅度後修羅戰我，當如之何？」佛云：「我有神力，護助於汝。」佛勸修羅，不須諍戰，共弘佛法。

二、《羅睺羅品》，正爲人天説法，忽見衰相，知佛入滅，不忍斯見。往東方妙勝佛所及上方商主佛會，具陳上事。我不忍斯見，佛即勸歸。看佛入滅，以盡子道。

《迦葉品》，佛告阿難，不須悲惱。我無上法寶及僧伽梨衣，義翻合，付與迦葉。於雞足山中，四石來合，護持候彌勒出現，同將此衣，廣度衆生。

《正法品》，識毗舍提提知迦及優波毱多等諸大士，相機出世，傳正法眼。

《舍利品》，供養舍利，得幾所福？一香一花，一禮一遶，得福無量。

三、《禮拜品》，佛告阿難，若有聞佛名、稱佛名者，是人决定得入涅槃。廣解其義，復云過去有大商主，入海船破，大魚來吞。衆人號泣，商主告云：「汝等當共一心，稱南無佛。」魚聞佛名，即生慈心，生天得果。末世比丘批袈裟者，於賢劫中，皆須證果。謂世界欲成時，浄居天人見大海水中現大蓮華，有其千葉。乃云：「必有千賢者出現也。」

《善根品》，佛言，若有衆生，於佛所發一善根，得無量報，何況集諸善根？喻如寄一滴水在佛處，經劫漸漸流入佛法大海。

《布施福德品》，佛云，若發一信心，種一善根，或一香爲供，或一花散佛，以智眼觀是人，果報無量。或願爲輪王，或願爲帝釋，悉如其願。

《殖善根品》，佛云，我以金華上定光佛，我以寶錢上高行佛，我以衆寶上釋迦佛，我以赤檀末上帝沙佛，我以偈讚沸沙佛，一一佛所，殖其善根。

四、《付囑正法品》，佛爲阿難説，因地修大悲行，入地獄中，度苦衆生。今以佛法寶藏，付囑於汝，廣宣流布。如長者商主國王遠出，以諸庫藏付與大臣諸子，守護勿令散也。

五、《教品》，阿難白佛：「我今云何修行佛正眼？如何令佛正眼久住世間？云何結集佛正眼？」佛云：「汝當結集法藏，勿令正法眼隱没。」末法有持戒朋黨、正法朋黨、破戒朋黨、亂法朋黨，餘即可知。

四童子三昧經

《四童子三昧經》，三卷。

上、阿難夢大樹摧折，知不吉兆。净居天人及阿無婁陀，各見佛入滅相，生諸苦惱，各各説偈。佛爲説一切世間和合之法，必當散滅。爾時東方佛所善思義童子，至阿闍世王宫。南方佛所寂静轉童子，至舍衛城大居士家。西方佛所無攀緣童子，至波羅奈城鬼宿居士家。北方佛所神通德童子，至毗耶城大將師子家。此四童子於此四處，各各化生，各各説偈，化彼國王及其父母眷屬，來詣佛所也。

中、童子與國王父母眷屬至雙林，圍遶如來。阿難白佛，問童子所來。佛説所從來國土，佛號化度，神通説法，因地所修殊勝妙行。聞我入滅，化現來此，利益人天也。

下、阿難白佛，唯願如來住壽一劫，令此大士常得往來，利益此土有情。四童子各以偈報，阿難亦以偈答。爾時如來命阿難等，各執手登座，付囑法藏而取滅度。是時人天聖衆，無不大叫悲苦，以謂人天眼滅故。

方等泥洹經

《方等泥洹經》，二卷，《四童子經》同本異譯。

右此二帙十八卷，《涅槃》眷屬部也。其録義者，異於大部。不録者，與大部同也。既小異大同，則見其所標指，義亦可知耳。

大藏經綱目指要録卷第四

東京法雲禪寺住持傳法佛國禪師　惟白　集

歸王。鳴鳳在樹，白駒食場。化被草木，賴及萬方。蓋此身髮，四大五常。恭惟鞠養，豈敢毁傷。女慕貞潔，男效才良。知過必改，得能莫忘。罔談彼短，靡恃己長。信使可覆……已上總六十二函。

方廣大莊嚴經

《方廣大莊嚴經》，十二卷，共二十七品，唐垂拱元年，中天竺三藏地婆訶等奉詔譯，則天皇帝御製序文。

歸　十二卷

方廣大莊嚴經

一、《序品》，如來入佛莊嚴三昧，頂上放光，光中説偈。净居天子及諸天，聞偈各從定起，共議過去波頭摩佛、勝幢佛等，將欲示生，皆現此瑞。

《兜率宫品》，佛云：「我常天宫爲諸天子演説一切善法，所謂七覺八正等法義，諸天皆得法喜也。」

《勝族品》，净居天子化身，來閻浮提作大論師，告人民云：「十二年後，有大人具足相好，出現世間。」爾時在天宫，觀方觀時，觀國觀族，諸天議各不同。菩薩告云：「國中有六十四種殊異，女人身具三十二德相，最後身佛方來此國，此人身中受胎也。」

《法門品》，爲諸天子説下生之相一百八法門，如來云：「净心是法門，覺是法門，捨是法門等，一切法門思而可知。」

二、《降生品》，佛告諸天，我以示形而往受生，或云天形，或云日月形，或云妙神形，或云師子形，或云童子形，乃云可示爲象形。諸天皆願隨佛下生，永不捨離。佛以神力，先於王宫，現八種瑞相。

《處胎品》，氐宿合時，日月圓净，弗沙星正與月合，爲白象形，從天宫下入母胎。聖后身心適悦，向王言夢。净居諸天，各爲王説偈，王大歡喜。佛化寶莊嚴殿，於母腹中，現種種神變，爲菩薩人天，説示生法門。

三、《誕生品》，佛將欲降生王宫，先現三十二種瑞相。王與眷屬兵衆圍遶，事後往園中，攀樹安詳右脅誕生。顧視四方，周行七步，菩薩龍天無量歡喜稱讚。諸來相者，皆云作輪王。唯阿私陀仙從雪山來，説三十二相八十種好，相明當成正覺。悲其老矣，不見如是大事因緣奇特相也。

四、《天祠品》，王將太子謁天廟，以祈吉祥，天像俱起也。

《莊嚴具品》，角軫宿合時，爲太子造寶莊嚴具，王與眷屬各各所造殊異。

《示書品》，太子年七歲，將詣學堂，毗奢蜜多自顧不能爲師，生大慚愧。太子云：「六十四書，以何書爲致？」遂同十千童子唱諸字母，出無量聲。

《觀農務品》，太子漸長，與諸釋種遊觀園中，見執役人受其勞苦，遂化閻浮樹，現無量樂事。諸仙天人林神，各説偈言。

《觀藝品》，太子長大，釋種各議娶妃。大臣執杖女名耶輸，欲納爲妃。乃云：「我家法，女嫁有藝人。」王與太子諸釋種試藝，未有不爲天下先。擲死象緣。

五、《音樂發悟品》，天龍八部謂，太子久樂深宫，恐不出家。爾時宫中器具及諸女樂弦管，自然出妙音聲，説偈勸請。

《出家夢品》，净飯王得夢，覺是天子出家之相。遂遊四門，見生老病死相，遂逢出家相。王得十夢，净居天人來爲原之。耶輸得二十夢，太子亦自夢，皆是出家相也。

六、《出家品》，太子思惟，不告父王便去出家，恐違於教。即放光明照於宫中，詣王所求請出家。王不許，遂敕嚴衛守禁。浄居天來，化宫女醜狀，及念睡眠，不知不覺車匿牽馬，天王捧足逾城，諸天衛護而往雪山。即以寶刀落髮，易鹿皮衣，令車匿牽馬自還王宫也。

七、《勸受品》，即受諸女人諸仙人所請，遂往阿邏羅仙所，學不用處定。《苦行品》，又往摩羅勒伽仙處，學非非想處。皆非究竟，即自思惟，圓修定慧。乃示其苦行，食麥食麻，伏諸外道，已及六年。《往尼連河品》，詣河洗衣，浴竟即往牧牛女處，受乳糜也。

八、《詣菩薩場品》，浴身食乳，氣力平全，欲降伏魔怨，徐徐而往菩提樹。將登座時，諸天衛護，放光照天上、地獄、龍宫，却思過去諸佛將成道時，悉皆坐草，吉祥天人漸將草近。受草已，出無量聲。《嚴菩提場品》，如來放光照十方界，十方佛所各有菩薩，來爲莊嚴也。

九、《降魔品》，如來光明照入魔宫，魔王眷屬生大愁苦，各領兵衆來詣佛所，或現一身多身，或現雲雷山石蛇女等一切惡想。如來唯以慈心攝伏。《成正覺品》，如來降魔已，即次第入四禪定，觀色等諸法相所因、十二緣因、苦集滅道因，應自知已。後夜明星現時，佛聖智所應知、所應得、所應悟、所應見、所應證。彼一切一念相應慧證大菩提，成等正覺，具足三明。即踴身空中，説偈云：「煩惱悉已斷，諸漏皆空竭。更不復受生，是名盡苦際。」諸天子即以微妙天花而散佛上，十方如來見其成道，各以寶蓋而來覆之。

十、《讚歎品》，净居天子及諸天子魔子，各來散花，説偈讚佛。

《商人蒙記品》，如來成道，七日不起于座，但觀樹禪悦。諸天子各將澡瓶水來浴佛，魔波旬即來請佛入滅。佛即慈化已，即經行一樹下，二商人牛不行驚怪，即見如來成道，多日不食。遂辦食供佛，四天王各奉一鉢。受商人食已，即爲授記。

《勸請品》，如來思惟，我所悟法，甚深微妙。若爲人説，多不信受。思惟是已，放光照明。諸梵天衆悉來，勸請轉於法輪。佛云：「世間惡法增長，善法損減。」諸天再三勸請，佛即以智眼觀諸衆生上中下根。我當以隨機分別，解説妙法也。

十一、《轉法輪品》，如來思惟，欲度二仙，七日前已死，悲其不遇，即思五跋陀羅，此云賢。漸次經行，至鹿野苑。十方佛所，各有菩薩，來請轉于法輪。有一菩薩，名法輪，手執一寶輪奉上於佛，即爲五跋陀羅，三轉十二行法輪，分別一切善法。復爲彌勒菩薩説法輪體性名字，及説三十二相，乃因中行三十二行感也。

十二、如來往火龍窟降火龍，及迦葉三兄弟并徒衆，出家皆得道果，即將徒衆至王舍城，開説法要覺悟。國王大臣人民，捨竹園地爲説法處。馬騰化舍利弗、目連出家，佛將此大衆，往見净飯王也。

《囑累品》，佛言：「若有人聞如來如是境界自在神通遊戲之事，是人得八種功德、八妙座處、八净語、八圓滿、八廣大福、八净心等一切法門。」如義。

王 十卷

普曜經

《普曜經》，八卷，《大莊嚴經》同本各譯。

莊嚴經

鳴 十卷

《莊嚴經》，二卷，與前同部，就前録義俾易見也。

妙法蓮華經

《妙法蓮華經》，七卷。

一、《序品》，如來入無量義處三昧，身心不動，眉間放白毫相光，逼照東方。彌勒問瑞，文殊爲答。將説法花，故現斯已。

《方便品》，如來從三昧安詳而起，告舍利弗言「吾爲一大事出現于世」等義。

二、《譬喻品》，長者門外羅列三車，誘引諸子出於火宅。

《信解品》，長者有子，出遊他國，跉跰辛苦，五十餘年。今日已歸，猶不識認。漸次引入，看諸庫藏，然後付與。

三、《草藥喻品》，布大慈雲，普雨法雨，大小根莖，各受其潤。

《授記品》，摩訶迦葉當得作佛，號曰光明如來。諸弟子衆，各授其記也。

《化城喻品》，大通智勝佛十劫坐道場時，我爲王子十六兄弟，共請轉十二行法輪，漸次接引。

四、《五百弟子授記品》，富樓那彌多羅尼子等，各蒙授記。

五、《學無學授記品》，羅睺羅等衆各蒙記，成佛名號國土等事。

《法師品》，若有人於此《法華》受持四句偈隨喜者，皆得授記，不得毁訾持《法華》者。

《見寶塔品》，多寶佛塔，湧現其前，證説《法華》，乃夙願故。

《提婆達多品》，我於過去，勤苦求法，龍女獻珠，即成佛果。

《勸持品》，大樂説菩薩等衆，誓於來世，受持此《妙法蓮華經》，而爲流布。

五、《安樂行品》，持《法華》者，爲安樂行處，不近國王大臣女人等事。

《從地湧出品》，無量菩薩從地湧出，願受《法華》，廣宣流布。

《如來壽量品》，成佛已來，經無量劫，壽命住世，亦復如是。

《分別功德品》，持是《法華》，聞是妙法，所得功德，不可算數，喻所不及。

六、《隨喜功德品》，若有隨喜此《法華經》，展轉而聞，得福無量，果報亦然。

《法師功德品》，持此《法華》，六根清浄，皆與實相，不相違背。

《常不輕品》，如來因地爲常不輕，持此《法華》，記人作佛故也。

《如來神力品》，如來出廣長舌相，放大光明，普照一切世界，作無量神變。

《囑累品》，如來右手摩無量菩薩摩訶薩頂云：「我今以此妙法，付囑汝等，當令流布。我捨兩臂，必當得佛，爲喜見故耳。」

七、《妙音品》，東方浄華佛所來於此土，禮覲如來，聽説《法華經》也。

《普門品》，無盡意問佛觀音所行所稱，佛言：「功德無量，弘誓如海，隨類現身，普利有情也。」

《陀羅尼品》，若有持此《法華》者，我當以秘密咒而爲護衛，魔惱不能壞亂。

《莊嚴往品》，净藏净眼二子承母教，令作大神變，化其父王，不落邪見，而成佛道。

《普賢勸發品》，若有持是《法華》，我乘白象，現其人前，令得圓滿。所願功德，如普賢也。

法華三昧經

《法華三昧經》，如來放光，入法華三昧，不見身相。女人利行來問佛之所在，大衆了不知處。如來從三昧起，坐蓮華座，爲王女利行説此三昧。

無量義經

《無量義經》，《法華》初分同本。

薩曇芬陀利經

《薩曇芬陀利經》，法華《寶塔》《天授》二品中别譯，各少分義句也。

鳳 十卷

正法華經

《正法華經》，西晉慧帝龍安年中，三藏竺法護創譯此本也。

在 十卷

添品法華經

《添品法華經》，隨三藏笈多重譯此本也。

右《正法華》，晉竺法護所譯也。《妙法蓮華》，秦什法師所譯也。《添品法華》，隨笈多所譯也。宣師序云，三經重沓，文旨互陳，斯之謂也。唯什師譯者，文理妙順，方言密符聖意。故盛行天下，緇俗靡不同遵，講唱而誦持也。陳隨二帝國師智者加行菩薩，示現悟入法華三昧，九旬只談一妙。灌頂尊者集爲《法華玄義》《文句》，行于世，謂之天台教宗也。唐基法師補處如來，現身述《法華玄讚》，燈前操筆，八大金剛善神侍衛，所謂夕製書講，謂之慈恩教宗也。然春蘭秋菊，各播清香。今有傳習者，各黨其宗，不本淵源，互相破斥，得不取哂有道者乎？

維摩經

《維摩經》，三卷。

上、《佛國品》，佛在毗耶城，菩薩聲聞人天圍遶，長者子寶積五百人，各舉一蓋，佛即受之。遂問净佛國土，若心净，即佛土净，我佛國土常净也。

《方便品》，維摩居士示疾，國王大臣人民悉來問疾。即以方便化度，爲説妙法。如云是身如幻，是身不實，是身無我等。聞者皆獲聖果也。

《弟子品》，佛弟子如舍利弗等，皆不堪詣彼問疾。

《菩薩品》，彌勒、光嚴等，亦皆不堪詣彼問疾，何以故？各各説其昔所由也。

中、《文殊品》，唯此大士，往問疾因。復問：「居士此室，何以空耶？」曰：「諸佛國土，亦復皆空。」曰：「空何所空？」曰：「空空故空。」往反問答，無上妙義也。

《不思議品》，舍利弗思惟無座，居士云：「汝爲法來，爲牀坐來？」乃於東方須彌燈王佛所，取三萬六千師子座來，其座高廣也。

《觀衆生品》，文殊問曰：「云何觀衆生？」答云：「如幻人觀幻人，如熱時焰，如水中月，如鏡中面」等義也。居士空中天女忽然化生，乃舍利弗論義。

《佛道品》，文殊問曰：「云何通達佛道？」答曰：「若行非道，是爲通達佛道。」「云何非道？」答曰：「若行五無間，入地獄作畜生等，而不染污，是爲佛道也。」

《不二法門品》，微妙居士問：「諸仁者各當説入不二法門。」諸菩薩各自説已，文殊復問：「居士如何説不二法門？」居士默然，文殊讚之：「真不二也。」

下、《香積品》，舍利弗思食，居士云：「若欲食者，且待須臾，令汝得未曾有食。」即入三昧，以神力故，往上方佛所，取一鉢飯，廣利天人，皆得飽足，七日香氣不歇。

《菩薩品》，文殊與居士同詣佛所，現大神變。阿難等見是事已，各云未曾有也。

《見阿閦佛品》，佛問：「以何等觀如來？居士如自觀身實相，觀佛亦然。我觀如來，前際不生，後際不滅，今則不住，不起于座也。」

《供養品》，天帝云：「我昔來不曾聞如是經典。」即以天妙寶花而散佛上。

《囑累品》，如來付囑彌勒等衆，流布此之上乘經典。

樹 十卷

説無垢稱經

《説無垢稱經》，六卷，《維摩經》同本，此文廣也。唐三藏奘法師所譯，然什師譯者已盛行於天下。

維摩經

《維摩經》，二卷，與前同本。

頂王經

《頂王經》，《善思童子經》同本，次函見義意也。

白 十卷

善思童子經

《善思童子經》，二卷。佛持鉢入毗耶城，在重閣上，遥見佛來，即以手中蓮華上佛。記爲浄月如來，乃維摩居士子也。其中大旨，與《維摩經》同。

大悲芬陀利經

《大悲芬陀利經》，八卷，《悲華經》同本，次函見録品義也。

駒 十卷

悲華經

《悲華經》，十卷。

一、《轉法輪品》，佛在山中，大衆圍遶。彌勒、水天師子、意日光等諸大士，忽起向東合掌，云蓮華尊佛寶。日光問：「以何因緣？」佛云，東南方百億界外有佛，今日在蓮華中成等正覺。

《陀羅尼品》，佛説彼蓮華尊佛國土，殊勝妙相，并日月尊佛虛空印菩薩因地，彌勒大樹王佛出世，亦説此陀羅尼秘密神咒。

二、過去善持劫輪王無諍念生子，具足相好。大臣寶海梵志爲相師，乃云必成無上道。後長大出家，得道成佛，名寶藏如來。寶海梵志過去化輪王千子，四天王諸天來供養佛。

三、《大施品》，佛説，過去寶藏如來出現時，寶海梵志與輪王無量凈同其千子，於佛廣陳大施。

《授記品》，初，寶藏佛授輪王爲彌勒佛，記大太子觀音爲正法明王佛，二子勢至名功德寶山佛，三子文殊爲普現佛。

四、授四子爲普賢如來，五子蓮華尊佛，六子自在王如來，七子無垢香王佛，八子普賢爲自在相王佛。次授會中十千人，次第成佛。九子爲阿閦如來，及國土莊嚴。

五、輪王十子記爲金華如來，十一子爲自在音王佛。授五百王子記，寶海梵志有八十子及諸弟子，各與授記。次授拘留孫佛、俱那含佛、迦葉佛、釋迦佛、彌勒佛、師子月佛。

六、次授五人同發菩提心記，則此賢劫中堅音如來等佛，次第授記出現。

七、寶海梵志行大悲行，記爲大悲菩薩，十方佛及菩薩來證。

八、寶藏佛爲大悲，説助道法諸三昧門，令行檀波羅蜜多行。

九、寶藏爲説净戒、忍辱、精進、禪定、智慧等一切波羅蜜行。

十、《入定三昧品》，寶海梵志最後於寶藏如來所，出家修道，經無量劫、無量佛，深種善根。當賢劫中，人壽短促，五濁惡世，出現作佛，名釋迦摩尼也。

食　十卷

金光明最勝王經

《金光明最勝王經》，唐法師義净三藏譯，中宗皇帝御製《序》。

一、《序品》，大衆同集，如來放光説偈。

《如來壽量品》，妙幢作念，如來壽命何故短促？佛知心念，即放光明，光中化四如來，爲説壽命無盡也。

二、《三身品》，虚空藏菩薩問佛法身、報身、化身，佛廣爲分别此三身中含容無量真實義，及入十地，漸斷諸障，以登地位也。

《金鼓品》，妙幢夢婆羅門搥一金鼓，出無量聲，説懺悔語言也。

三、《業障品》，帝釋問：「如何滅除業障，得成菩提？」佛云：「須當精勤皈依三寶，發露懺悔罪愆。」

四、《陀羅尼品》，師子相菩薩問：「幾因緣成就菩提心？」佛云布施等諸善法，十地行相法門，乃説陀羅尼一切神咒。

五、《蓮華喻讚品》，佛告善女天，我爲汝妙幢夢金鼓出音讚佛功德，及懺悔法，即説偈言。《金勝陀羅尼品》，佛爲善住等説諸佛名、諸大士名，及説金勝神咒。《重顯空性品》，佛説長偈，演一切種性皆悉空也。《依空滿願品》，天女問：「云何行菩提正行？」佛云：「依於法界，行菩提法，修平等行。」《觀察人天品》，四大天王常觀世間有持此《金光明經》者，我當守護。

六、《護國品》，四大天王白佛：「若有國土，受持金光明王，我等護助，使國無灾變也。」

七、《無染著品》，佛爲舍利弗等，説無染著陀羅尼咒，誦持者獲福無量。《如意寶珠品》，佛告阿難云：「當知有陀羅尼如意寶珠，遠離一切灾厄，遮止諸惡等相。」

八、《辯才天女品》《大吉祥天女品》《增長財物品》《堅牢地神品》《藥叉大將品》《王法正論品》，已上皆爲國土人民有受持《金光明》者，各爲説咒護助，使如其願心。

九、《善生王品》《諸天藥叉品》，各爲護持受《金光明》者，而爲説咒。

《授記品》，妙幢成佛，號金寶山王如來，及授金光明如來等記也。

《除病品》，佛説，過去有長者名持水，有子名流水，善能修合，治衆生一切病苦。

《流水品》，流水長者救十千魚，爲十千天子，各以寶珠報也。

十、《捨身品》，佛説十千天子因緣，復告樹神云：「非但施水、施食，亦捨所愛之身。」乃説捨身飼虎。會中人天聞是法已，各增讚仰，流布此法。

場　十一卷

金光明經

《金光明經》，八卷，《最勝王經》同本。

佹真陀羅尼經

《佹真陀羅尼經》，《緊那羅王經》同本也。

化　十一卷

緊那羅王經

《緊那羅王經》，四卷。

一、大衆集會，天冠發二十五問，佛一問答四法。羅王將諸眷屬，從大雪山來，奏諸音樂，琴瑟中出其妙聲，説偈讚佛功德。迦葉聞其音已，不能制止身手動摇，天冠一一難問，復問王曰：「此聲此偈，從何處出？」王答云云。

二、王問寶住三昧，佛言有八十法，成此三昧。所謂心寶、戒寶、施寶，乃至世間寶、出世間寶。天冠復問：「何以化度？」王曰：「我以善調琴瑟，出一切聲，化諸有情。」所謂定聲、慧聲、喜聲、捨聲等義。王乃請佛與衆，至雪山中，受供七日。與天冠問答三十二法門，聞者皆得法忍。

三、佛以神變，光明普照，化出菩薩，説偈化度。羅王諸子夫人婇女眷屬，聞見是已，皆發菩提心。佛即記作佛，號曰功德山光明如來也。

四、佛受七日供已，將欲還歸，羅王即以神力化大寶車，乘空送佛及大衆，還靈山。佛乃爲説勝行法門，又令説與阿闍世王等衆也。

佛爲母説法經

《佛爲母説法經》，三卷。

上、佛將法衆至天宫，月上天子問行殊勝行度、到彼岸、一味慧、守禁戒等，佛爲説四事法門。

中、月上天子云：「如來慈念所生之親，至此天宫，安居三月。如來身、如來智慧、如來神力等，莫從摩耶聖后所生耶？」佛答：「所從來處，非生非不生。」天子聞是法已，即以無量天花，散滿天宫及佛上。月上天子與帝釋，往復徵問其花所以也。

下、目連請佛，來此天宫，不在南閻浮提。佛現廣大神變，十方世界現今有佛，説法度脱衆生者，皆我身是也，汝莫作他觀耳。

道神足極變化經

《道神足極變化經》，四卷，《佛爲母説法經》同本。

被 十卷

寶雨經

《寶雨經》，十卷。

一、如來頂上放光，東方蓮華眼佛所，止蓋菩薩來此見佛，啓一百問，如初問云何得施圓滿？乃至云何得速證無上菩提？

二、如來答忍圓滿十法，及已次法門。

三、如來答方便善巧十法，及已次法門。

四、如來答得如於水十法，及已次法門。

五、如來答十方十法等法門。

六、如來答廣大心十法等法門。

七、如來答空性十方等法門。

八、如來答善行阿蘭若念處等法門。

九、如來答離慳貪嫉妬十種法等諸法門也。

十、如來答善能捨離、惡求利養，乃至答速證菩提等一百問答一千法門。中間止蓋菩薩或別請問，或當機領解。如云我解佛所説義，如實了知一切有情貪火、嗔火等，又云如實知衆生意樂等義也。

草 十卷

寶雲經

《寶雲經》，七卷，前《寶雨經》同本。

阿惟越致遮經

《阿惟越致遮經》，三卷。

上、文殊入普明三昧，舍利弗瞻仰。以神力故，漸往東方不退轉世界最勝光明蓮華佛會，各相問答無量法門。信受品、奉法品、八等品、道迹品，皆阿難問，如來答此法門，令信解受持也。

中、不還品、無著品、聲聞品、緣覺品、果相品、降魔品，皆阿難請問，如來應機而答此法也。

下、如來品、開化品、師子女品、歎法師品、譏謗品、囑累品，三菩薩遠方來，阿難問其所以，佛爲分別，及隨宜演説妙法，開化人天也。師子女五百人出家，既各悟入此法，遂囑流通，皆是文殊、阿難方便力故。

木 十二卷

廣博嚴浄經

《廣博嚴浄經》，六卷。

一、文殊神變，往東方佛所也。

二、阿難問，佛答，以堅信堅法爲菩薩行等義。

三、佛爲阿難説四果聲聞菩薩等行相法門義。

四、阿難復問堅信堅法，佛爲説偈，會中四衆聞其偈已，各各悟入法性法門。

五、阿難問佛，恐魔波旬聞説是經，生於留難。文殊即以神力攝化。爾時有三男子，手執千葉蓮花，從東方華須彌王如來所至佛會。第一男子白佛：「若作是説，我是如來。」第二男子白佛：「若作是説，我是世尊。」第三男子白佛：「若作是説，我即是佛。」是時人天聞此説者，悉皆撓動。阿難請問，佛以偈答，謂求如來、世尊、佛聲者，而得菩提不退轉位等義也。

六、阿難白佛，此自在三昧力，若有信受此經者，決定不得退轉。師子女等白佛：「我等定光佛時，已聞此經。」會中人天，各願流通。

不退轉法輪經

《不退轉法輪經》，四卷，《阿惟越致》《廣博嚴浄》二經同本。

入定不定印經

《入定不定印經》，中宗皇帝御製序文。妙吉祥請問入定不定印法門，佛云：「有五種行，所謂羊車行，象車行，日月神力行，聲聞神力行，如來神力行。前三行不決定，後二行決定。」佛乃廣説定不定行相，所修法門，深趣菩提，退不退心以顯決定妙定定也。

不必定入定入印經

《不必定入定入印經》，《定印經》同。

集一切福德三昧經

《集一切福德三昧經》，三卷。

上、大千界主白言：「如來不久當趣涅槃，唯願哀念世間衆生，如何得不失正慧，不失正法，不失於智，不失見佛聞法。」佛云：「有三昧，名集一切福德，能成就故。」復有淨威大力士，來觀佛神力。佛令目連取在王宮，時箭來乃説已，成就百千萬億力，無有過者。復爲解説集福德三昧行相法門。

中、佛爲淨威大力士，説成就戒忍等行，無量勝力法門義也。

下、説行方便不墮正位，爲那羅延説離魔業行，是菩薩行。行一切衆生行，是菩薩行。乃至廣論一切諸善法門，成就此福德三昧，利益末世有情。

等集衆德三昧經

《等集衆德三昧經》，三卷，前經同本。

持心梵天經

《持心梵天經》，六卷，《思益梵天》同本。

及 十卷

思益經

《思益經》，四卷。

一、網明菩薩云："我見如來身，超百千萬日月光明。"佛乃説無量光明名字，若有衆生遇斯光者，各獲利益。佛即放光照十方界，東方日月如來所思益菩薩，來至佛所，發十二問，自堅固自心，至不斷佛種，佛即一問答四法。網明復陳正問，佛爲梵天分别。

二、佛爲梵天説如來成就五力法門，能隨宜爲衆生説法，令其開悟。

三、梵天白佛："文殊於此無所説耶？"佛告文殊："汝於此可説少分。"文殊曰："是法可説、可演、可論不？"佛云："不可説、不可演、不可論。"文殊曰："若如此説，則不可示。"梵天復與文殊談論一切法義。

四、天帝見如是説，即散諸天花讚歎，説諸法隨行等行師子吼法門，乃爲授記。

勝思惟梵天所問經

《勝思惟梵天所問經》，六卷，前經同本。

萬 十卷

持世經

《持世經》，四卷。

一、持世菩薩問：「云何知諸法實相，分別一切章句，能得念力，轉身不斷念，至菩提？」佛一一答四法門，乃云：「我過去高王佛所，已聞此法，及説浄施行處，我於一日一念中，捨千身布施，求菩薩道，入此法門，分別五陰究竟諸法實相義。」

二、分別識陰及十八空等性相法門。

三、分別十二入、十二因緣、四念處、五根、五力等也。

四、分別八正道、世出世間有爲法門，復説過去須彌王如來，及一切佛所，我修習此觀、五陰等諸法門。

持入菩薩經

《持入菩薩經》，四卷，前經同本。

大乘方廣總持經

《大乘方廣總持經》，佛從如注三昧起，告彌勒云：「我將入滅，有所疑者，隨意諮問。」净居諸天子同音白佛：「我等聞有法門，名大乘方廣總持，願佛慈悲，爲我等説。」佛即答之。復説，因地與彌陀如來，於一切佛所，同受持此之法門。

濟諸方等學經

《濟諸方等學經》，前經同本。

大乘方廣寶篋經

《大乘方廣寶篋經》，三卷。

上、文殊白言：「如來今日當説妙法。」須菩提白文殊云：「我請仁者説菩薩法。」文殊云：「汝今能知，是佛法器及非器耶？」答云：「我居聲聞地，豈知是器非器耶？我請仁者説是佛法器，非佛法器。」文殊云：「諸入正位者，皆是非器。」廣説其義，復現神變，作大音聲。往東方光相佛界，作大佛事。與彼菩薩論其法要，及廣現神變也。

中、舍利弗云：「我見文殊神變，七日雨不止。令止降伏波旬，以鉢放地，舉不動分毫。」迦葉云：「我昔在舍衛國城，夏坐三月。是時文殊初從東方寶相佛國而來此土，三月不見。後問在何處，報我云一月在王后宫，一月在淫女舍，一月在童子學堂。我惡此人，即打楗欲擯出，即見百千世界皆有文殊。如來告我云：『爾欲擯那箇文殊？』我即懺悔，王宫婇女皆發菩提心，即同事攝化也。」

下、天帝釋尼乹外道，皆詣文殊所問法。當羅那與論議，文殊若未離見網而脱鐵網，無有是處。未除愛水而得定水，亦無有是處。未滅嗔火而獲智火，亦無有是處。須菩提、阿難等，各各見論法義。寶志等夙修善根，今佛授其記也。

文殊師利現寶藏經

《文殊師利現寶藏經》，三卷，前經同本。

證契大乘經

《證契大乘經》，二卷。

上、佛在伽耶山，毗毗産主將諸眷屬詣佛所，問：「衆生者是何義？云何名衆生？」佛云：「是有情想衆和合故。所謂地水火風空識界等。」復問：「以何爲根本？何所止住？復何流運？」佛云：「無明爲根本，止住於愛，隨業流運。」乃説三業三相，及佛體無體，無體即佛體，諸天皆來佛所。

下、東方最上佛所神通智菩薩，現大神變，來至佛所，問如來地有幾法，菩薩不能行，非聲聞獨覺境界？佛説入十斷障行相，一切菩薩所不能行等義趣也。

大乘同性經

《大乘同性經》，二卷，《契經》同本。

蓋 十卷

解深密經

《解深密經》，五卷。

一、解甚深密意菩薩，問勝義諦相法門。

二、遍計、依他、圓成，無相、法相法門。

三、彌勒問瑜伽義分及奢摩耶觀行。

四、如來成辦所作事，法身與二乘同。或差別，以成就最上勝妙，功德無量，故云佛也。

五、觀身自在，問十地至如來地所修法門。

深密經

《深密經》，五卷，前經同本。

此 十卷

楞伽阿跋寶經

《楞伽阿跋寶經》，四卷。

一、《一切佛語心品》，大慧菩薩在楞伽山頂，啓一百八問，復一百八句，如生句、不生句、常句、非常句等句。復説生住異滅，各二種相，及七種性，藏識境界，第一義相。偈答往復，五無間性，種種法門，無盡妙義也。

二、佛説如來藏性，不同外道所修方便。一切因緣，妄想想心，有無一異，涅槃神力建立，或化如幻，名身句身俱不俱，地位四果，陰界行相法門。一一問，佛一一答微細妙義。

三、佛爲大慧，説三種意生身，及五無間業。愛貪如緣母，無明爲父入處。斷一根本，名害父母。斷諸法諸使，名害羅漢。斷諸陰和合，名破僧。斷現量七識，不見覺心，名出佛身血。説因地相，一起法有無相，宗通説通相，妄想相，善語義智識相，九種轉變相，解脱義、相續義、婆羅門論義等，一切法門。大慧重問，如來即爲分別解説也。

四、如來自性自覺覺他相性，一切凡夫但知如來種種名，不知如來義。諸外道計執常無常，菩薩聲聞滅正受義。乃至問不食肉功德，佛皆演説開喻。

緣起法門經

《緣起法門經》，二卷。

上、佛説無明所緣殊勝，行相殊勝，因緣殊勝，等起殊勝，乃至第一無明。論其無明與一切業識相應，遂造一切惡因緣也。

下、因緣、等無間緣、所緣緣、增上緣，此四緣中，依增上緣説無明。然無明等起殊勝、轉異殊勝、邪行殊勝、相狀殊勝、作業殊勝、障礙殊勝、對治殊勝，一一解此無明十二緣、四諦、八正等殊勝行相，一切法門，顯緣起法門。

緣生分法本經

《緣生分法本經》，前經同本。

解節經

《解節經》，一卷。

相續解脱經

《相續解脱經》。

已上二經，與《深密》前分同本異譯。

身 十卷

入楞伽經

《入楞伽經》，《阿跋多羅寶經》，梵語楞伽，此云不可到，同本。此元魏留支譯。

髮 十卷

菩薩行神通變化經

《菩薩行神通變化經》，三經。

上、文殊問如來神通變化，佛説十二行、六度等一切善法。

中、輪王爲喻功德，會中四衆及婆羅門，各各聞是妙法，尼乾子衆亦各請問。

下、佛爲樹提伽王，説三十二相、八十種好、十八不共法。王聞是已，知如來無量殊勝妙相功德寶聚，舍利弗與尼乾子論其法義。

大乘入楞伽經

《大乘入楞伽經》，七卷，唐久視元年，三藏實叉難陀奉詔譯。長安元年畢工，則天皇后御製序。與前二經同本，故不録義，顯一經三譯也。

四　十卷

大薩遮尼乾子所説經

《大薩遮尼乾子所説經》，十卷。

一、文殊問方便奮迅法門，佛云，菩薩所行十二種法，於布施中亦然。

二、戒、忍、精進、禪定、般若，如來功德境界，各十二種法門。次説一乘妙義。大尼乾子詣嚴王國土，遊行教化衆生，乃謂王曰：「國無灾害耶？無鬪諍耶？人民安耶？比丘修净行耶？風雨順耶？五穀稔耶？人修十善耶？」一切法門。

三、王問曰：「何等生法，何等住持，於何法上而有此名？」尼乾曰：「生謂衆生，住器世間，法上有五取陰名。」復爲王説治國安民之要。輪王修十善業，七寶四兵智臣自然出現也。

四、末世衆生顛倒邪命邪見，輪王不現，諸小王等不聞國正論，不行正法，灾害無時，相諍相鬪，人民饑荒，各相殘害。

五、王不行放逸，行法行。王所行有十法，一自性成就，二眷屬有禮，三智慧成就，四常精進，五尊重佛法，六猛利時政，七恩厚及民，八能行正法，九能忍苦諫，十不邪言。王若能行如是十法，國內自無災害。王聞是已，奉食，即說聰明利智黠慧，世間多爲過失。

六、王曰：「頗有聰明辯智，如大師否？」乾尼曰：「有瞿曇沙門，具無量功德相好，具無量智慧，爲天上人間共所尊敬。」

七、爲王說佛有十自在，一命自在，二心自在，三物自在，四業自在，五生自在，六如意自在，七信自在，八願自在，九智自在，十法自在。乃至三十七品，一切菩提分法，悉分別說。

八、爲王說如來神通智行，能降諸魔，及十力、四無畏、四無量根力、覺道十力等一切諸功德聚，王聞大喜。

九、爲王說如來四無礙、十八不共法已，王大欣悦，即同詣佛所，頂禮默然。舍利弗云：「仁者爲見佛來，爲聞法來？」答云：「我不爲見佛來，不爲聞法來。」

十、舍利弗白佛：「尼乾子如此說法，成就幾衆生？」佛云：「從無量劫來，成就無數衆生，而得菩提。」迦葉白佛：「云何故不自取菩提？」佛即分別其所以也。

大 十卷

大方等大雲經

《大方等大雲經》，六卷。

一、人天衆集，大密藏菩薩發一百問，佛爲之答，爲衆生顛倒著相。

二、佛説總持大海三昧大海如來法印，復説十十法門，或説二十法門，或説三十二法門。如來神變，及説四百三昧，如日光三昧、月愛三昧。

三、佛説三十六種陀羅尼，如不動意不退地等，及三十二種密語，如斷受斷嗔等密語，神通行藏等，一一十法門，如金剛智等也。

四、佛説涅槃壽量，再問四百三昧，甚深難解。佛爲説咒語，令誦此密語，自然成就此三昧。復説大海水潮三昧，包納無量三昧，而不失於信。

五、天子、天女、龍、鬼，會中四衆各願，佛滅度後，我等流布此大雲經典。

六、修習如是三昧，住是三昧，則了常樂我淨相也。

大雲輪請雨經

《大雲輪請雨經》，二卷。

上、佛將大衆到龍宫，八萬四千龍王圍遶，現無數海雲，爲供於佛。乃説慈一法，復説神咒。

下、德輪蓋龍王及諸龍王各願，於南閻浮提降注甘露，佛爲説神咒。

大雲經

《大雲經》，二卷。

方等經

《方等經》，二卷。

已上二經，與前本同。

五十一卷

諸法無行經

《諸法無行經》，二卷。

上、師子遊步菩薩問，云何得大道等問，佛以偈答之。聞者皆悟法眼，滅除罪障。

下、佛爲文殊論不動相，乃云：「一切衆生得菩提，是不動相，三昧是不動相。」華慧菩薩問音聲慧法門，文殊云：「貪聲、嗔聲等聲，與佛聲無别也。」

寶如來三昧經

《寶如來三昧經》，二卷。

上、佛入寶如來三昧，震動諸天。舍利弗問佛，佛云：「汝問寶如來菩薩。」舍利弗即詣問之，答以無應之應應也。

下、舍利弗及菩薩衆各問法要，羅閲國王詣佛所，問法大悦。請佛及文殊大衆，入宫受供。佛爲説法及偈，王與眷屬衆會，皆大歡喜。

如來智印三昧經

《如來智印三昧經》，一卷，如來入佛境界三昧，聲聞菩薩皆不見如來繫念處。舍利弗問，佛云：「若入此三昧，成就智印三昧。」

諸法本無經

《諸法本無經》，三卷。

無極三昧經

《無極三昧經》，一卷。

慧印三昧經

《慧印三昧經》，一卷。

已上三經，與前三經同本異譯也。

常 十二卷

大灌頂經

《大灌頂經》，即十二經。

一、《護身咒經》。
二、《護比丘神咒經》。
三、《神王護比丘神咒經》。
四、《百結神王護身咒經》。
五、《神王守鎮左右咒經》。
六、《四萬咒經》。
七、《伏魔封印大神咒經》。
八、《摩尼羅亶大神咒經》
九、《五方龍王攝疫毒咒》。
十、《梵天神策咒并長偈》也。

十一、《隨願往生十方净土經》。
十二、《拔除過罪生死得度經》。
已上十二經，各是一緣，誦久成功也。

恭 十卷

藥師本願功德經

《藥師本願功德經》，如來爲文殊等衆，説十二願。一願我成佛時，一切衆生如我得三十二相。二願身如琉璃，内外明徹。三願不令衆生有所乏少。四願悉令有情安住道場。五願無諸疾苦，各修梵行。六願不犯禁戒，皆悉清净。七願衆病病逼者，悉得滅除。八願厭女身者，便得男身。九願墮邪見者，便得正見。十願有遭苦難，皆得解脱。十一願饑渴所惱，妙飲食足。十二願無衣服者，花鬘滿足。以此願行，嚴净佛土。彼有日光月光二菩薩，亦成就如是法。寶藏如來説是法時，會中聞者，皆願生彼佛國土中。

藥師七佛經

《藥師七佛經》，二卷。

本願經

《本願經》，一卷。

已上二經，前經同本。

文殊普超三昧經

《文殊普超三昧經》，三卷。

上、佛在靈山，文殊、龍首、龍施等二十五大士，讃佛功德，各説通慧法門，顯大乘相。諸天子來奉食，文殊白佛：「如來豈不念恩耶？」舍利弗等各念文殊與佛有何恩，佛即放鉢，至下方四十二恒沙界光明如來界，空中而往。佛令諸弟子取鉢，各入三昧，無有見者。文殊伸手，至光明佛土，放光作佛事，取鉢奉佛。佛爲衆説因中文殊爲正慧比丘，我作小兒，名離垢臂。入城見我，以鉢餅漸引我至伽藍，却以鉢餅令我上勝幢如來，發菩提心。今日成佛，皆是文殊師利以餅引我，與我爲師，故有如是大恩也。

中、佛入王城，三幼童子見其相好，各解瓔珞奉佛，各發大願，佛即授記。阿闍世王將諸眷屬來，詣佛所問法，求懺所作罪業。

下、王告文殊：「爲我决狐疑心。」文殊云：「恒沙諸佛亦不能决大王疑心。」王即悶倒。迦葉殷勤撫喻，文殊即爲王説法，王即悟無生法忍。

阿闍王經

《阿闍王經》，二卷。

放鉢經

《放鉢經》，一卷。

已上二經，前經同本。

惟 十卷

月燈三昧經

《月燈三昧經》，十卷。

一、月光童子至佛所發問，佛言，有一法速得菩提，所謂平等心，及因地所修無量三昧。

二、童子因中於聲德如來、智勇如來、無所有起如來，及諸如來所，修是三昧。

三、佛告童子，有一法相應，速得菩薩。何謂一法？佛云：「如實了知一切法無體性。」乃頌諸法體性平等如實知。

四、童子問：「成就幾法，得諸法體性平等無戲論三昧？」佛設施、戒、忍等法，及説偈。

五、童子問，受持此三昧經，得幾功德。次第發問，佛一一答，并偈。

六、佛告童子，應須成就善巧，住不放逸。六度行中，每一行説十法門。

七、佛令童子修菩薩神通業本，及説偈，聲德如來所行也。

八、佛告童子，欲求是三昧，須行財施及捨身。阿難白佛，行菩薩行，截手足、挑眼等苦相也。

九、佛頌出因地所行施、戒等難行苦行，彌勒讚此三昧法門也。

十、佛言，童子須具足身戒，能招相好及清浄身業、清浄身行、具足口戒、具足意戒等一切戒等。

鞠 十三卷

大莊嚴法門經

《大莊嚴法門經》，二卷。

上、金色女問：「云何是菩提？」文殊云：「汝身即是菩提。」遂往佛所，説五陰六入等法，悉空無相不實。

下、文殊、金色女在城東門外演説法要，國王人民龍天悉來隨喜。

大浄法門經

《大浄法門經》，前經同本。

如來莊嚴入佛境界經

《如來莊嚴入佛境界經》，二卷。

上、如來放光普照世界，文殊問不生不滅義，佛廣説義相。有鼓出妙音聲，爲諸天子説無常苦空等義。

下、佛告文殊曰：「如來者，即是法身，法身即是如來。」廣説一切諸善法門也。

佛境界智嚴經

《佛境界智嚴經》，前經同本。

觀無量壽經

《觀無量壽經》，阿闍世王囚父頻婆羅王，復囚母韋提希夫人。佛以神力，令修西方净業。當日没時，如懸鼓，面西方，觀無量壽如來及觀音、勢至二大士，作十六觀境法門，自然見彼佛國土殊勝功德。

彌陀經

《彌陀經》，一卷。

稱讚净土經

《稱讚净土經》。

已上二經，與前本同，然佛會中稱揚净土殊勝境界功德也。

無所希望經

《無所希望經》，如來放光，舍利弗説偈。若有衆生，無所希望，則獲妙利。説菩薩動止儀范，如象游，若龍步也。

象腋經

《象腋經》，前經同本，佛爲文殊説十六法門。

月燈三昧經

《月燈三昧經》，《大月燈三昧經》第七卷同本異譯。

養 十二卷

觀彌勒上生經

《觀彌勒上生經》，佛説，彌勒處天宫，有五百萬億寶宫，一一有七重垣，一一垣七寶所成，一一寶出五百萬億光明，一一光中有五百萬億蓮華，一一華中有五百萬億寶色，一一色中有五百萬億檀金光，一一金光中有五百萬億天人，出妙音聲，執無量寶，及天宫種種莊嚴事，皆不可思議。

彌勒大乘佛經

《彌勒大乘佛經》，佛説彌勒受胎、降生、出家、得道、龍華樹下成正覺、轉法輪等緣。

彌勒來時經

《彌勒來時經》，前經同本。

一切法高王經

《一切法高王經》，新出家比丘問：「云何食？云何消施？」佛云：「有三法，一入僧衆，二作僧業，三爲僧利。」復爲解説，比丘衆各各又問如何是是出家事，諸天諸龍悉來聽法，舍利弗一一爲衆請問也。

諸法勇王經

《諸法勇王經》，前經同本。

大威光仙人疑經

《大威光仙人疑經》，佛與論議，説其壽數及受胎種種相，往復問難。

第一義法勝經

《第一義法勝經》，前經同本。

樂瓔珞莊嚴經

《樂瓔珞莊嚴經》，須菩提白佛言，我夜夢云：「來日得聞所未聞法。」即持鉢入城，遇女人，辯論無量法義。如云：「大德有乞食想、無乞食想耶？」報云無乞食想。云：「若無乞食想，又何乞也？」種種徵詰，論難妙義。

方便經

《方便經》，前經同本。

六度集經

《六度集經》，七卷。

一、如來因中行布施行，須達拏太子飼虎，毗達王割肉代鴿，太子入海作小魚，與大魚食，代小魚命。此十六緣捨身行布施行。

二、太子好施，父王擯出國居山。梵志來乞，二兒及妻一時施與。受無量辛苦，却得還國，爲和默王。鹿王等十一緣行布施行。

三、如來因中行戒行，信佛法，國禁當死，乃云：「乍可爲佛法死。」王即開悟，爲象王、鸚鵡王，爲貧人。兄弟三人遇荒年，各殺妻食，獨不殺，與妻入山。後妻與跛者通，遂作計推入水，不死。爲王。彌蘭商人太子墓魄不言，頂生王、普明王等，皆持淨戒因緣。

四、如來因中行忍辱行，睒子行孝，梵志山中習道，王問鹿，不言，被截手足。爲王，被舊王奪國爲獼猴，同阿難俱爲龍王。爲雀，十五緣皆行忍辱行無量。

五、如來因中精進行，獼猴王、鹿王、馬王、魚王、龜王、鸚鵡王、鴿王、蜜蜂王，佛三笑，小兒聞法，殺身濟商人，皆精進所行也。

六、如來因中行禪定行，修四禪八定，專注一心無二，及現生遊四門，見沙門相，現大神變等也。

七、如來因中行智慧行，無量無邊，十一緣爲證。儒童時，買花上佛等也。

太子須大拏經

《太子須大拏經》，出《六度經》第一卷中。

睒子經

《睒子經》，二本，出《六度經》第四卷中。

太子沐魂經

《太子沐魂經》，二本，出《六度經》第三卷中。

九色鹿經

《九色鹿經》，出《六度經》第五卷中。

然已上皆是如來因中所行，六度行乃難行能行也。

敢 二十三卷

無字寶篋經

《無字寶篋經》，思惟梵天問佛，何者一法而是如來所正覺者？佛云：「無一法爲正覺者，然貪嗔癡等一切惡法，已永滅故。」

普光明藏經

《普光明藏經》，一卷。

無字法門經

《無字法門經》。

已上二經，前經同本。

老女人經

《老女人經》，來至佛所，問生老病死、四大、五陰，從何所來，復從何所去。佛云喻如木中生火，還燒於木，還有去來否云云。

老母經

《老母經》，一卷。

六英經

《六英經》。

已上二經，前經同本。

果也。

長者子制經

《長者子制經》，名制，家中大富。母慳不布施，制將一日不食，飯奉佛，佛即受之，因記得果也。

月光童子經

《月光童子經》，父申日長者事外道，同六師作計，家中設火坑。請佛月光勸父莫作此惡，父亦不從。佛已知之，與諸大衆受供，先現神變，火坑變成花池，污池化爲美食勝妙也。

申日經

《申日經》，一卷。

德護長者經

《德護長者經》，一卷。

已上三經，與《月光》同本各譯，或廣或略耳。

大乘伽耶山頂經

《大乘伽耶山頂經》，佛在伽耶山頂，文殊云：「如是念者，誰得菩提？如何於菩提發心，依菩提住？」佛云：「無住無心者住，依如是得。」

文殊問菩提心經

《文殊問菩提心經》，一卷。

伽耶山頂經

《伽耶山頂經》，一卷。

象頭精舍經

《象頭精舍經》。

已上三經，前經同本。

菩薩逝經

《菩薩逝經》，一卷。

逝童子經

《逝童子經》。

已上二經，與前《長者子制經》同。

乳光佛經

《乳光佛經》，阿難乞乳，外道令去惡牛處。帝釋化身，在牛邊令牛子母，慈心得乳，牛犢聞佛名得生天。

犢子經

《犢子經》，前經同本。

轉女身經

《轉女身經》，須達多妻名曰净日，娠身腹中有女，從無垢稱佛所没來生此中。聞佛説法，諸根寂静才生。與舍利弗論議，遂説轉女身法門，即蒙佛記得果。

無垢賢女經

《無垢賢女經》，一卷。

腹中聽經

《腹中聽經》，一卷。

已上三經，前經同本。

無上依經

《無上依經》，二卷。

上、阿難問佛：「滅後有人取舍利如芥大，造塔如阿摩羅子大，戴刹如鍼大，造露盤如棗葉大，造佛像如麥子大。此之功德，何者爲勝？」佛即爲校量也。

下、佛言：「因中所修戒、定、慧，解脱知見，招感相好，遂有舍利，爲人天無上依止。」

甚希有經

《甚希有經》，一卷。

未曾有經

《未曾有經》。

已上二經，前經同本。

決定總持經

《決定總持經》，無性行菩薩問佛：「十人同出家，七年精勤，不能得決定總持法門？」佛云：「汝等過去世謗毀佛法，不肯聽受佛法，由是所致，不能疾得道果。」復問，佛説光音如來出現世時緣也。

謗佛經

《謗佛經》，前經同本。

寶三昧經

《寶三昧經》，佛告文殊云：「我入此三昧，如摩尼大寶，瑩凈徹見無數佛刹。若成此定，智慧辯才，流暢無窮也。」

入法界體性經

《入法界體性經》，前經同本。

如來師子吼經

《如來師子吼經》，佛令勝積菩薩，去上方法上如來所，聽《師子吼經》。彼佛問：「汝從何來？」默然不對。會中大衆各各請問，皆作大師子吼，聞者亦復如是耳。

大方廣師子吼經

《大方廣師子吼經》，前經同本。

大乘百福相經

《大乘百福相經》，文殊問：「何等爲如來福德相？」佛以輪王福百千倍，不及如來一分毫相。乃説三十二相八十種好光明。

大乘莊嚴相經

《大乘莊嚴相經》，前經同本。

大乘四法經

《大乘四法經》，如來普告人天大衆曰：「汝等盡形壽，不得捨離四法。一不得捨菩提心，二不得捨善知識，三不得捨堪忍，四不得捨阿練若。」符篆復説偈言稱揚。

修行四法經

《修行四法經》，前經同本。

銀色女經

《銀色女經》，佛説，因中在蓮華城中，三度示生，捨乳割肉等，今得成佛。

前世三轉經

《前世三轉經》，前經同本。

採花上佛授決妙華經

《採花上佛授決妙華經》，佛在世時，有採花人，違王敕命，以花上佛，即授記免難。

阿闍世王受決經

《阿闍世王受決經》，前經同本。

稱讚大乘功德經

《稱讚大乘功德經》，德華女人問：「云何名惡知識？」佛云：「不令人發菩提者，是惡知識。雖二乘四果等人心劣小，對前亦是惡知識。」

說妙法決定業障經

《說妙法決定業障經》，前經同本。

正恭敬經

《正恭敬經》，阿難白佛，云何敬法及敬法師？佛止莫問莫言，末法衆生不能恭敬法，亦不能敬法師。阿難殷勤再問，佛説事師敬法微細儀則法也。

善恭敬經

《善恭敬經》，前經同本。

校量功德經

《校量功德經》，阿難白佛：「若有人皈依佛法僧三寶，得幾福德？」即種種校量，無能及此所得功德也。

最無比經

《最無比經》，前經同本。

傷 二十九經

如來示教勝軍王經

《如來示教勝軍王經》，王至佛所，請問大義。佛言：「王爲國主治民，應以正法，勿以邪法。應以法行，莫隨非法。若行正法，聖賢護祐，風雨順時，寒暖應節，成就善法，超諸善趣。當知四山來逼，不須放逸，但與民安樂。」

佛爲勝光天子説王法經

《佛爲勝光天子説王法經》，一卷。

諫王經

《諫王經》。

已上二經，前經同本。

修多羅王經

《修多羅王經》，王至佛所，佛告王曰：「夢中歡娱，定無有實，不須放逸，作意貪染，恐墮惡趣。識去識來，畢竟流浪。」王聞是已，信受奉行。

轉有經

《轉有經》，前經同本。

文殊遊行經

《文殊遊行經》，文殊一日次第往五百僧房，見舍利弗入禪定，乃問云：「汝入禪定，爲依身入，爲依心入？爲依過去入，爲依現在入，爲依爲了入？於禪定身心無有，過去、現在、未來不可得，如何入也？」

尸利行經

《尸利行經》，前經同本。

貝多樹下思惟十二因緣經

《貝多樹下思惟十二因緣經》，佛告諸比丘：「我本得道時，思惟生、老、病、死、無明等法，子細觀察，思惟根本也。」

緣起聖道經

《緣起聖道經》，前經同本。

龍施女經

《龍施女經》，來至佛所，聞佛説法，即成男身。皆前世曾遇佛，今如此也。

龍施本起經

《龍施本起經》，前經同本。

八吉祥經

《八吉祥經》，佛言，東方有佛，名善説吉如來、光明如來、勝吉如來、自在幢如來、光明吉如來、業住吉如來、勇猛如來、安住王如來，是八吉祥也。

八佛名經

《八佛名經》，一卷。

八神咒經

《八神咒經》，一卷。

吉祥神咒經

《吉祥神咒經》。

已上三經，前經同本。

獨證自誓三昧經

《獨證自誓三昧經》，如來入是三昧，光照十方，忽化一大蓮華，千葉華中十方佛，所化菩薩來問法要，佛即隨機爲説。

自誓三昧經

《自誓三昧經》，前經同本。

稻芽經

《稻芽經》，舍利弗云：「如來常説，見緣起即見法，見法即見佛。如是因緣，若何分別？」佛云：「無明生死，若稻種子，雨水增長，生芽無盡。相因相緣，無有窮極也。」

了本生死經

《了本生死經》，前經同本。

浴像功德經

《浴像功德經》，清净慧菩薩問：「云何如來得清净身？云何浴佛像得何功德？」佛言如來有法身、報身、化身等義，答其所問。

摩訶刹頭經

《摩訶刹頭經》，前經同本。

作佛像經

《作佛像經》，優填王造立佛像，佛説所得福報因緣。

形像福報經

《形像福報經》，前經同本。

盂羅盆經

《盂羅盆經》，目連初成道時，以天眼見母在地獄，即往救度生天。

數珠功德經

《數珠功德經》，文殊問佛云：「若用鐵赤銅真珠寶等，木槵子、水精子、菩提子等，各各功德倍增於前，次第增其殊勝。」

校量數珠經

《校量數珠經》，前經同本。

女 十卷

不空羂索神變經

《不空羂索神變經》。

一、佛在落伽山中，觀自在白言：「我説不空羂索母心王陀羅尼三昧，若受持者，得二十種功德，及受持者一切法則儀范等因緣也。」
二、秘密心結，即護身等，一切神咒及受持法。
三、秘密成就，若持分界等，一切神咒。
四、秘密印蓮華心印，及結印法，一切神咒。
五、羂索成就，用絲等物，及置壇法則也。
六、摩尼寶索三昧，用寶物如法像生蓮華，一心思惟，諸佛誦此神咒，見殊勝也。
七、不空王護魔三昧用物向方法則，能成一切功德。
八、三三昧，心王母陀羅尼蓮華曼拏羅印三昧，成就智嚴三昧等法則。
九、曼拏羅像印三昧隨處用物，如五色線等。
十、奮怒王真言及諸神咒等法則。

慕 十卷

不空羂索神變經

十一、悉地王真言等秘語神咒。

十二、廣博摩尼香王等咒。
十三、普遍心印出世間等一切神咒。
十四、不思議觀陀羅尼等神咒也。
十五、最上神變解脱壇等神咒。
十六、一切菩薩敬禮解脱三昧等咒。
十七、金剛密主問不空羂索神咒，佛爲説其功力，觀音大士能成就故。
十八、一字至十字，咒成十地真言，每一咒説十，或二十種法門，殊勝功德也。
十九、護摩悉地三昧耶根本蓮華壇等法。
二十、旁邊解脱心陀羅尼等一切神咒，或一字心也。

貞 十卷

不空羂索神變經

二十一、如意阿伽陀藥等三昧咒。
二十二、無垢光神通解脱壇三昧耶，像示現一切幻化三昧等神咒。
二十三、大奮怒王入壇印，及一切種族等壇印法則也。

二十四、金剛密主重問，不空羂索等咒一切龍天護持讀誦功德。
二十五、廣大明王摩尼曼拏羅受持法則。
二十六、不空大可畏明王大捨印三昧耶等咒。
二十七、點藥成就。
二十八、清浄蓮華明王等咒。
二十九、蓮華明王金剛灌頂神咒等法。
三十、承事供養受持不空羂索神咒儀則法門。

右《不空羂索神變真言經》三十卷，乃如來將諸聖衆至海中寶陀落伽山中，觀自在大士夙願故，向佛演説神咒，廣利人天也。所謂不空者，則菩薩現大神變，示于千手。一一手中，各執器杖，應其機也。所謂羂索者，以五色絲作條，圈圓重轉，長垂兩頭，如法示其密意也。或誦一咒兩咒，久而成功。其隨心感應，殊勝不可思議也。在今出家者，根性暗鈍者多，故尠有受持。

潔 九經

自在王咒經

《自在王咒經》，三卷，前不空中譯出。

不空陀羅尼

《不空陀羅尼》，一卷。

神咒心經

《神咒心經》，一卷。

不空羂索咒

《不空羂索咒》。

已上三經，不空中出。

大藏經綱目指要録卷第四

千手千眼神咒經

《千手千眼神咒經》，二卷。

姥陀羅尼身經

《姥陀羅尼身經》，一卷。

大悲心陀羅尼

《大悲心陀羅尼》。

已上三經同本異譯，皆是觀音大士神變悲願力故。

觀音秘密藏神咒

《觀音秘密藏神咒》，一卷。

如意摩尼陀羅尼

《如意摩尼陀羅尼》。

二經同本各譯，觀音神力故。

男 十一卷

孔雀經

《孔雀經》，三卷。娑底比丘，蛇齩足痛。阿難白佛，乃説大孔雀神咒往救。由是彌勒諸天諸龍等，各説神咒。

孔雀王經

《孔雀王經》，一卷。

金色孔雀咒

《金色孔雀咒》，一卷。

大金色孔雀咒

《大金色孔雀咒》，一卷。

孔雀王經

《孔雀王經》。

養生四經，前經同本。

如意輪陀羅尼

《如意輪陀羅尼》，一卷。

如意心陀羅尼

《如意心陀羅尼》。

二經同本。

文殊一字王咒經

《文殊一字王咒經》，一卷。

文殊根本一字陀羅尼

《文殊根本一字陀羅尼》。

二經同本，佛在净居天上，告衆云：「汝等當誦文殊一字王咒，曰唵、叱、呬、焰等也。」

稱讚如來功德神咒

《稱讚如來功德神咒》，一卷。

十二佛名神咒

二經同本，佛説十二如來名號，彌勒説咒護持。

《十二佛名神咒》。

效 七卷

陀羅尼集經

一、大神力陀羅尼如來佛頂三昧咒。

二、一切佛頂咒，二十六印法數珠金輪等咒。

三、般若心咒，及金剛陀羅尼。

四、十二面觀音咒。

五、觀音六印等神咒。

六、諸菩薩法印等神咒。

七、金剛藏大神力三昧法印咒，然此經皆是如來會中，天人普集説法，外道等來論議，因請問，説此神咒，以爲降伏。

才 九經

陀羅尼集經

八、金剛阿密哩多菩薩自在神力咒印。

九、金剛烏樞沙摩法印咒語，乃火頭也。

十、摩利支天、功德天、阿難、迦葉等咒。

十一、諸天助成法印，日月星地龍神八部等神咒乃法則。

十二、諸法大陀羅尼，都會道場，《灌頂普集》壇儀法則也。

十一面觀音神咒二經

《十一面觀音神咒二經》，《陀羅尼集》第四卷中同本也。

摩利支天經

《摩利支天經》，《陀羅尼集》第十卷同。

六字神咒

《六字神咒》，一卷。

佛母心陀羅尼

《佛母心陀羅尼》，一卷。

千轉陀羅尼

《千轉陀羅尼》。

已上三經，與《陀羅尼集》同。

七俱胝佛母陀羅尼經

《七俱胝佛母陀羅尼經》，二卷，二經同本異譯，亦云大心准提，亦云准提大明咒，誦者殊勝也。

觀自在隨心咒經

《觀自在隨心咒經》，五十神咒，五十印法，并壇儀用物等法。

佛頂尊勝陀羅尼經

《佛頂尊勝陀羅尼經》，五卷，同本各譯，其咒靈驗無量。

一向出生菩薩經

《一向出生菩薩經》，佛坐堂閣，目連、舍利，各運神通，遍告天人，悉來集會。佛乃爲説入無邊門陀羅尼八字咒及偈，一一説四法成就。此神咒使誦持者易成功力。

微密持經

《微密持經》，一卷。

阿離陀經

《阿離陀經》，一卷。

破魔陀羅尼

《破魔陀羅尼》，一卷。

訶離陀鄰經

《訶離陀鄰經》，一卷。

舍利弗陀羅尼

《舍利弗陀羅尼》，一卷。

無邊門經

《無邊門經》。

已上七經,《出生菩薩經》同本,但有廣略。

妙譬印經

《妙譬印經》,一卷。

勝幢印經

《勝幢印經》。

二經同本同卷各譯也。

雜咒

《雜咒》,一卷,二十三咒。

知 十九經

尊勝菩薩經

《尊勝菩薩經》，一卷。

無涯際經

《無涯際經》。

二經同本。

金剛上味經

《金剛上味經》，一卷。

金剛場陀羅尼

《金剛場陀羅尼》。

二經同本。

師子奮迅經

《師子奮迅經》，一卷。

華聚經

《華聚經》，一卷。

華積經

《華積經》。

已上三經同本。

六字咒王經

《六字咒王經》，一卷。

六字神咒

《六字神咒》。

二經同本。

虚空藏問佛經

《虚空藏問佛經》，一卷。

如來方便經

《如來方便經》。

二經同本。

持句神咒

《持句神咒》，一卷。

陀鄰尼鉢經

《陀鄰尼鉢經》，一卷。

燈王如來經

《燈王如來經》。

三經同本。

善法方便經

《善法方便經》，一卷。

金剛秘密經

《金剛秘密經》，一卷。

護命法門經

《護命法門經》。

三經同本。

無垢净光經

《無垢净光經》。

請觀世音經

《請觀世音經》。

二經同本。已上皆神咒也。

百寶經

《百寶經》，文殊問佛，何緣現世間。佛云，哀愍十方有情，出現隨俗一百法門，如示生現身、現行、現坐等法門也。

温室浴衆僧經

《温室浴衆僧經》，佛爲耆域説温室僧法，用七浄物除七垢、得七福。火、水、澡荳、蘇膏、楊枝、淳灰、内衣，乃謂七物也。

須賴經

《須賴經》，久修梵行，示現舍衛城中爲極貧者，名曰須賴。帝釋化身，種種淩辱，悉皆忍受。及現衆寶，亦不取之。

菩薩生地經

《菩薩生地經》，長者子差摩竭問修菩薩行，佛答以立忍辱爲本。次説諸法要也。

私訶昧經

《私訶昧經》，長者子名私訶昧，將五百童子同到佛所，問何因緣如是相好功德，如來即爲答之云云。

四不可經

《四不可經》，佛觀見兄弟四人，各逃無常，一入海，一入山，一入空，一入市，皆不免之。於是佛説四不可，老令少不可得病，病無痛不可得，要不死不可得，要長生不可得。決定於佛法中悟道見性了無常。

菩薩修行經

《菩薩修行經》，長者子威施等詣佛所，問如何得證菩提，佛令修菩薩行也。

成具光明經

《成具光明經》，長者善明請佛受供，因問如何得具足相好，佛爲説定意成具光明法門，誡身口意等一切法也。

寶網經

《寶網經》，長者子寶網夢佛相好，即詣請佛，乃受供已，爲説法要，悟無生忍。

菩薩行五十緣身經

《菩薩行五十緣身經》，文殊問佛，如何成就相好？佛云，前世行五十事法，捨所重珍寶，捨所愛婇女，爲人説法，行於忍辱，從佛聞法，勇猛精進等法門。

梵志女經

《梵志女經》，佛入城持鉢，女名首意，請佛受供。乃問曾轉正法輪，如何即是佛？佛云三轉十二行法門也。

如來藏經

《如來藏經》，佛告衆云：「我以佛眼觀衆生，煩惱中有如來眼、如來智、如來身、如來藏、如來性，常無污染，德相具足，儼然不動。」遂説八種喻。

福田經

《福田經》，天帝問，佛爲説五福田。一出家，二割愛，三毁形，四事衆，五求法。復説偈云：「毁形守志節，割愛辭所親。出家弘聖道，願度一切人。」等法門。

佛語經

《佛語經》，佛告衆云：「佛語非佛語，如是非語即是佛語。如來身口意清净如是。」説色受等語非佛語，不説色受等語即是佛語等法門。

金色王經

《金色王經》，佛告諸比丘，揣食宜均，過去爲金色王，行菩薩行，利益人民。遇二十年荒，計其國中所有分慧饑民。末後止有一食，王施與辟支佛。空中即現神變，滿空下米。國内因兹大富，遂獲安樂。

演道俗業經

《演道俗業經》，五百長者至佛所，問在家出家。佛云，在家治財有三，上財、中財、下財。出家有事，聲聞、圓覺大乘等法門。

百佛名經

《百佛名經》，舍利弗問現在十方佛號，欲令世間一切衆生，受持獲福滅罪。佛乃稱揚現在一百佛名，如月光佛、阿閦佛、彌陀佛等也。

必 六經十二卷

稱揚諸佛功德經

《稱揚諸佛功德經》，三卷。

上、舍利弗問，現在有幾佛説法度人？佛説，東方寶海如來以次，世界中現在如來五十也。

中、南方日月燈如來已次，三十八如來現在説法。

下、西方彌陀佛等三如來，北方嚴王如來等六如來，上方金寶光如來等二十七如來，各各現在説法度人，稱其功德。

須真天子經

《須真天子經》，四卷。

一、須真天子問佛如何得不妄信而志大乘，如來答三十二法門義。

二、須真白文殊云：「佛爲我説三十二法，唯願仁者爲我解説。」答云：「心自審信，不隨他語，降伏諸欲」等。

三、菩薩從一切而起道意，復問如何，答云，於愛欲中，與與從事而成道業，得證菩提。

四、天子問：「如何得權慧自在，入俗教化？」文殊以長偈答。復問如何是道類，答云：「我所處是道類，其法要妙覽者知之。」

摩訶摩耶經

《摩訶摩耶經》，二卷。

上、佛上忉利歡喜園中，安居三月。文殊報摩耶云：「佛在此處。」摩耶云：「若我所生悉達，願汝自流入口。」言已，乳汁直貫口。摩耶即往佛所，子母相見問法。佛爲種種稱揚妙義，三月滿已，即下天宫還閻浮也。

下、波斯匿王衆圍繞於佛，即爲説法。阿難白佛：「有比丘爲利養故，不慕佛法。」即達多、六群惡比丘等，波旬來請佛入滅也。

觀音授決經

《觀音授決經》，華德菩薩問如何修行，佛云：「當修如幻三昧。」復云：「現今文殊等諸大士，皆成此三昧。西方佛國有二菩薩，名觀音勢至，亦得此三昧。佛即放光照，尋二佛所，即授其記。普光功德山如來，善住功德寶王如來，在師子佛所。」

學經

《學經》，佛在祇園，外道殺一女，謀佛分金不平，自告所以。波斯匿王詣佛，具陳上事。佛說，因中兄弟三人，小者名學，聰明智慧。二兄見嫉，遂投他國，出家爲國王師。治國豐樂，四大臣及夫人爲謀，乃入山中。國内灾害，又復還國，説治國法誡王也。

除灾患經

《除灾患經》，維耶離國疫氣疾作，死人不少。國王大臣共議，如何消穰。各各論議，不可得同。或有用牲牢，或有請外道，唯智臣才明白言：「大王，佛具大威德，若請得來，國中自安。」王令才明詣佛，佛至，灾患頓消。佛爲王及人民説法，及因中所修。

改 九卷

首楞嚴三昧經

《首楞嚴三昧經》，二卷。

上、堅意菩薩問：「頗有三昧疾證菩提否？」佛云：「有三昧名首楞嚴，若能修者，疾成正覺。」

下、舍利弗白言：「如是三昧，遠離魔境。」佛云：「汝今欲見魔境否？」「唯然」佛即放光，一切魔境皆現。佛即以三昧力降之，即隱。

海龍王經

《海龍王經》，四卷。

一、龍王至佛所，讚佛乃問「云何得棄諸惡趣？」等，佛隨問爲答，每問成四法，圓諸法行。

二、佛説無盡藏爲總持法義趣，利益龍衆也。

三、龍王問法，歡喜請佛入龍宮，供養佛。即至宮中，説法利樂眷屬。

四、佛爲龍王説免金翅鳥難，以如來衣爲護。四金翅鳥來至佛所云：「奪我所食。」佛言：「汝等過去金仁佛時，爲四比丘，破戒食，有是報業，當別施汝等食也。」

藥王藥上經

《藥王藥上經》，如來放光，入二大士頂，即於佛前，各説神咒。佛稱其功德，即記净藏、净眼二如來號。

不思議光經

《不思議光經》，如來持鉢過空處，見棄小兒，即近之。兒説偈言，佛即答之，往反五十訓。起隨佛至祇園，放大光明。佛乃立字，名不思議光。天帝來奉衣，波斯匿王問佛：「不思議光有如是神變，何故生淫女家，被棄捐耳？」佛説過去尸棄佛時，駡四净戒比丘，有是過也。

觀普賢行法經

《觀普賢行法經》，佛令大衆修普現色身三昧觀普賢行法，除去業障。或一日或二日，或七日或二七日，一心觀想普賢，自然乘六牙白象，來現其前。所作業障，自然消滅，得普現色身三昧也。

得　七卷

十住斷結經

《十住斷結經》，十卷。

一、最勝問佛：「入何三昧，放大光明過於日月？」佛云：「隨宜入百千億三昧，從初發心乃至成佛，以施爲引道。」入於初地故，此爲《引道品》也。

《留化品》，二地修戒成就。

《觀空品》，三地行忍力成就。

《色入品》，四地行精進成就，漸次斷法法門。

二、《了空品》，五地禪定行相也。

《根門品》，六地中行相也。

《廣受品》，七地中方便行所修斷結，一切法門行相。

三、《童真品》，八地中净修行相。

《定意品》，九地中能修習定意三昧，各受職位，神通自在也。

四、《成道品》，十地中修神通妙道，廣度衆生。

《滅心品》，觀無常義，了身内外，心得自在，所作具足。

五、《神足品》，成就施、戒等行，而運神足遊佛國土，作諸佛事。

《恭敬品》，何等大士，聞法恭敬，勇猛不退？

《勇猛品》，勇猛破壞邪見，不滯生死怖畏。

六、《碎身品》，入是碎身定，具足十種如住，所謂界如如住、方如如住、生如如住、法如如住等義也。

《身入品》，還自觀身，身持身入，悉能分別。入身入持，得自在身。

《辯才品》，大智辯才，分別字體，演出總持，諸佛秘藏也。

《權智品》，思惟修習第十權智定慧三昧，觀無量身口意行。

七、《化衆生品》，從一佛國至一佛國，隨機化度有情衆生也。

《三道滅度品》，不見羅漢、辟支、菩薩、佛道，若三道滅度，即證真道乘。

《無相品》，了知一相，即是無相。達無相者，即真實相。

能　七卷

十住斷結經

八、《等慈品》，入等慈三昧，觀三千大千世界。一身多身，入一佛國出一佛國，化度有情，作希有事。

《法界品》，如來舌相放光，遍照三千大千世界，彌勒諸大士在會，爲説法門要義行相。

九、《道智品》，如來神德，道智自在，爲諸天子及衆會，説諸法行門中陰受六道等相狀，善惡報應法也。

《身口意品》，汝等常念修身口意，觀諸法行如幻如化如夢等義。

十、《夢中成道品》，妙識如來入寂定意，彼土衆生根性已熟。如來在彼一切衆生夢中，爲説法要，令其覺悟一切法皆如是耳。

《菩薩證品》，若有行一行、修一善、持一法，吾入三昧，爲他作證，令其成就。

《解慧品》，佛告最勝，解知衆生，無衆生想。隨其所問，其一答四法也。

《三毒品》，佛告濡首，若人修凈不凈觀，當分别三毒起滅根本耳。

《泥洹品》，泥洹無性，亦無有字，如何欲於空中求空泥洹等法義。

《梵堂品》，身行清凈，口行志誠，心念定意，凈修梵行，乃堂也。

然此《十住斷結》十卷，其間法門微妙，略録品目，以示其大旨耳。

諸佛要集

《諸佛要集》，二卷。

上、如來在帝樹名室，燕坐三月。以神力故，往普光世界天王如來所，集十方佛，共説《諸佛要集經》。運載衆行故，發金剛心，終始不壞。修六度、十信、十住、十行、十回向、十地，一切諸善法門，乃過、現、未一切諸法要集法門也。

下、文殊運神力，至天王所。右邊有出離意女，入普月離光明三昧。佛問：「仁者何處來？」文殊云：「我在忍界，聞十方佛俱來此界，説《諸佛要集經》，故來聽耳。」天王佛即以神力，移文殊向鐵圍山頂。文殊盡其力不能歸，便在山頂爲諸天子説法。天王佛即攝神力，文殊即在佛前，見出離意女三昧不動。天王佛敕出此女定，文殊盡其神變，不能出此女定。天王佛即以神力，攝師子象頂佛所棄陰蓋菩薩來彈指，女子出定。文殊遂與論議，皆不能及。天王佛遂説過去寶成如來所發心求菩提道也。《智論》中雲綱明。

未曾有經

《未曾有經》，二卷。

上、佛令目連去喚羅雲來出家，耶輸陀羅百般障難，不令子來。佛作化人云：「汝障夙緣否？」以五花上定光如來，耶輸感悟，即遣至佛所出家。波斯匿王聞已，即詣佛請問，佛爲羅漢衆會説法，引野干爲天人説法爲證。

下、佛爲王説女人提違欲燒身，道人辯才謂言：「但知懺罪，不必燒身。前心作罪，如雲覆月。後心起善，如炬破暗。」乃王后前緣，波斯匿王夫人來聽法，四石女失却身上珠乃過去爲四比丘，諂僞供施，今日受報。夫人即過去提違，道人辯才即目連也。皆夙緣所致。

莫 八卷

瓔珞經

《瓔珞經》，十四卷。

一、《普稱品》，普照菩薩問：「何謂菩薩法瓔珞？」身乃至口密心非二十餘問，佛説十德瓔珞，其體身口意法，瓔珞莊嚴。

《識定品》《戒品》，瓔珞法門，功德香薰，識定瓔珞。

《道樹品》，佛云無量劫中，一行一坐一念，修净瓔珞并修大慈大悲瓔珞，得坐道樹，成等正覺。

二、《龍王浴太子品》，佛云：「我修無量瓔珞行，生時諸天諸龍來爲我浴，各以偈讚。」

《法門品》，佛云：「我今爲説八萬瓔珞法門十無礙功德，深入所聞妙義。」

三、《識界品》，問識境界，佛云：「識非有識，從法生識，智識非智，法識非法。」

《勸助品》，如來舌相放光，告云：「我修無量瓔珞行，於一切諸惡，語言不生，得無口過，今得四十種界報。」

《如來品》，佛言：「十無盡藏法門，若能修習，當觀五苦，利益衆生。」

四、《音響品》，佛云：「我説一偈，聲音旁邊，十方佛土，無不聞者。」

《因緣品》，佛云：「若有誦持定眼識、定耳識者，得十種功德。」

《心品》，佛令衆會入心定三昧，即面見十方世界，各觀身觀心。

《四諦品》，佛爲文殊説四聖諦法門。

《成道品》，佛告無畏云：「過去識成佛，未來識成佛，現在識成佛耶？何以故？過去、未來非識，現在亦然也。」

五、《生佛品》，如來不以國土爲國土，衆生爲衆生，皆法智所生故。

《本末品》，如來入本浄三昧，令一切衆生，悉見過去、未來、現在三世本末因緣。

《有識無識品》，佛言：「解第一義，不分別彼識、此識，是謂有識、無識、非識也。」

《無量品》，佛設有量無量，東西南北四維，設教所度有情，悉皆無量。

六、《無量逕品》，佛云：「修三禪本行，自致成佛。」乃説偈言，復現神力。

《隨行品》，時有梵天，從他方佛刹來，經過三禪，復無所畏白佛請問。

七、佛答梵天偈中，演修三禪法門本行妙義。

《光明品》，佛言：「若有受持大梵天所問句義法門，便得身相不二，毛孔現法界光明。」

《無相品》，云何有相？云何無相？佛云：「清浄法身，所修畢竟無相。」

八、《無識品》，佛告浄觀大士，若人宣傳此經，得二十種瓔珞功德，所謂總持、種族、善權等瓔珞。

《迦葉權行品》，佛云：「汝等誰能於我前，説有行無行法門？」即放光照十方界佛所，各有菩薩眷屬，來至佛所。迦葉請問，衆等奉行。

《行無行品》，無頂相菩薩即於佛前説云：「解了本元，是謂有行無行。」諸菩薩各説所行無行也。

忘　八卷

《瓔珞經》六卷

九、《有受品》，觀空無形，於一切法，亦不有受，亦不無受，而得解脱。

《無著品》，佛告衆云：「汝等欲得金剛智不壞，疾證菩提。從一佛國至一佛國，作於佛事，當學如來無著之行。」

《浄智無垢品》，東方一意如來，遣弟子至佛所問法。佛云：「修習大乘，除去亂想，習學定意，乃具六度。」

《無斷品》，佛云：「從初發心，修行五法，乃至成佛，心無間斷，真實勇猛決定智也。」

十、《賢聖集品》，審諦大士等，各於佛前，各説法門。我堪任説修習等法義也，及文殊反復問答。

《三道三乘品》，佛爲舍利弗説三道三乘法，十方國土，亦各演説如是法門。

十一、《舍利品》，佛言：「一切法空相，若有人受持此三道三乘經，及供養舍利，此二種福，未審何先。」佛與須菩提校量，不及持經。

《譬喻品》，五千正士聞説瓔珞三身深義，一時起去。舍利弗問：「此有何罪？」佛云：「譬喻不及，因地不信佛法故。」

《三世法相品》，佛云：「入三世定意三昧，能知三昧三世法門。」

十二、《清净品》，佛云：「六度無極，諸佛所行。一切諸法，悉皆清净也。」

《桓因品》，帝釋問：「若一切法皆悉清净，如空無有，如何覺了一切諸法。」佛即喻如幻化人。

《本行品》，天人瓔珞首問：「頗有不進修便成佛否？」佛云：「或有彈指之頃求菩薩心，即成菩提。或不經一日，或不一夜，便即成佛，以初發心修進不同。」

十三、《聞法品》，文殊白言：「云何名聞法？聞如空等，空無所聞。聞法者爲有言教，乃得聞法？爲無言教，乃得聞法？」如來默然，文殊三請，欲令利益會中人天及未來世。佛乃答云：「一切諸佛所轉法輪，亦非有轉也。」

《净居天品》，佛與文殊論聞法轉不轉義，天子至問：「我等修何福業，今得天報如此？」佛云：「汝還憶過去名字否？」答云：「不記，未知此身常無常也。」

十四、《十方法界品》，蓮藏及諸大士，知佛不久滅度，各各請佛説法。隨所見問，佛以一偈總答之。諸菩薩聞已，各各歡喜。

《十智品》，彌勒問：「修習何法得成正覺？」佛云：「有十種明智，一時頓成等正覺。」

《應時品》，云何執持威儀，應時行之，具足大法瓔珞？佛云：「修十種慧而速成就。」

《十不思議品》，云何入五道中周旋往來？佛云：「修十不思議法門，乃可應機利益。」

《無我品》，心智大士問：「云何分别身觀，解無我想？」佛云：「當修十法解無我也。」

《等乘品》，净眼大士問：「爲修何法滅大乘迹？」佛以偈答，聞已得無生忍。

《三界品》，佛云：「大士所行，不從欲界、色界、無色界有漏、無漏法。」謂皆不可得故。

右《瓔珞經》十四卷四十餘品，止於品下注明品意，以通大旨。若細而推之，則長文偈中所演佛菩薩瓔珞法門，無量妙義，具知見者可以究竟。

超日明三昧經

《超日明三昧經》，二卷。

上、普明大士問：「頗有三昧速成正覺否？」佛云：「有超日明三昧，若修習者，速得成佛。」遂説修習法門，或二或三，乃至十法。長行短偈，廣演妙義。

下、離垢目問：「何謂超日三昧？」佛云：「其明無量，超過日光。何以故？日能照現在物，不照鐵圍，亦不能照人心。但能照有形，不能照無形。此三昧普能照及遠近三世闇冥及二乘五道衆生心，悉皆晝夜照明，無有罣礙，故云耳。」

罔 八卷

賢劫經

一、《三昧品》，喜王大士問修何三昧得成正覺，佛云：「修諸法本三昧。」何謂也？佛云：「六法成此三昧，謂身、口、意、心、言、行，一一相應也。」

《行品》，佛説十六字法，知衆生之行無度行等法門也。

《四事品》，佛云，有四法疾成斯定，謂慈、悲、喜、捨等四，施、戒、忍、進等四，一一四法而能成就。

《法師品》，佛云，過去雷音吼如來所，有一法師，名無量德。曾聞如是三昧，化國王、太子、人民，及往諸佛國土。

《供養品》，喜王大士聞是定意三昧，即脱衣奉佛，歡喜無量。佛復云：「過去金龍佛所，有法師名寶音，行是三昧時，有輪王悦音，聞此三昧，就法師學此法門。其法師者，今彌陀佛是。輪王者，阿閦佛是。千子者，賢劫中千佛是也。」

二、《施度無極品》，佛爲喜王，演六度行法，施度無極也。

《習行品》，佛爲喜王説修習行六度無極，自利利他也。

《無際品》，佛爲喜王説六度行，施度悉無際也。

三、《聞持品》，佛云聞是布施，持是戒行，受是忍辱，發是精進，習是禪定，明是智慧等六度也。

《神通品》，佛以神通力，行是六度，施度無極。引因中所作神力，化度有情。

《三十二相品》，佛告喜王云：「我往修六度無極，感此三十二相，超越人天之上也。」

四、《順時品》，佛云，順時行施度無極，謂施施、持戒時、忍辱時、精進時、禪定時、智慧時、出家時、苦行時、成道時、降魔時、書法時、持鉢時，一一時無極。

《三十七品》，佛云，一心行此六度，一中具六，六六三十六。一心所總成施度無極，無有限量。蓋始初發心，無有量也故，行行皆如是耳。

五、《寂然品》，佛云，行三十七品、十二因緣，只在一心，寂然間已無極也。

《十種品》，佛云，行六度成十種力也。

《四無所畏品》，佛云，行六度成四無所畏也。

《十八不共法品》，佛云，行六度殊妙，成十八不共法。

《方便品》，佛云，行六度行，須得善巧方便也。

六、《八等品》，佛云，信是八等，不隨八邪，一一行中，修六度無極，破貪嗔癡慢，每一中有二萬一千，合八萬四千法門也。

《千佛名品》，喜王問佛：「今此會中大士，有得此定意入八萬四千三昧耶？」佛云：「非獨此會大士，將來賢劫中千如來，亦一一入此三昧，施度無極。」復説千如來名號次第。

七、《千佛興立品》，佛説千佛出興時節、國土、父母、姓字、出家、得道、化度、傳法、付囑等縁。

八、《千佛發意品》，佛説，此賢劫千佛，過去遇千如來，發心如我。夙爲醫工，以衣奉佛，詔我同各釋迦也。

《歎古品》，佛云，過去精進如來出現時，有輪王名日德華，聞佛説定意三昧義，與千子往聽受是法。王者無量光如來，千子者千佛也。復云，無量施如來出現時，有輪王名普廣意，與千子往佛所，聽是法門，不曉其義。佛侍者名曰無指，爲王解説。王即曉定意義趣。王者定光如來，侍者即維衛佛，千子者今賢劫千佛。復説，過去未來劫中，或有佛、或無佛，是知佛世難值，佛法難聞，令一切有情受持千佛名也。

談 十卷

大法炬經

《大法炬經》，二十卷。

一、《緣起品》，如來放光，天子威光請問，阿難重請，如來即説，過去放光如來説此陀羅尼字義。

《伏魔品》，佛云，放光如來説此神咒，降伏一切魔軍，令發菩提心。

二、《授魔記品》，佛云，放光如來授諸魔衆菩提記，月上菩薩緣。

《三乘行品》，佛云，放光如來爲人天衆説三乘法。

《法性品》，佛云，放光如來爲無畏大士等説法性，猶如虚空。

《菩薩行品》，佛云，放光如來説諸菩薩住於佛法。

三、《相好品》，佛云，放光如來説，修菩薩行，今得成佛，具足相好，光徹無涯。

四、《四念處品》，佛云，放光如來説所感相好，以四念處所修爲根本。

五、《聖諦品》，佛云，放光如來爲梵天説此法門。

《忍校量品》，佛云，放光如來爲梵天説行忍行功德法門，説三乘法。

六、《三法藏品》，佛云，放光如來説人言教藏、天言教藏、非天非人教藏。

《法師相品》，佛云，若有法師受持此三法藏，則口業成就，具足智慧辯才，得三十二相，了十四音字義，圓滿功德相好。

《謗法果報品》，佛云，放光如來説，若有人不信此三種法藏，其果報惡業也。

七、《智成就品》，佛云，放光如來説，若人持此法藏，具足神通智慧。

《力忍成就品》，佛云，放光如來説忍，多修菩薩忍，及諸果所修忍，皆依止如來大力忍，方能成就一切諸忍智力。

《證涅槃品》，佛云，放光如來説此陀羅尼，復説遇寶觀如來。

八、佛云，放光如來説涅槃十四音字義，分别百義方便。

《權證品》，佛云，放光如來説一切語言音聲皆第一義也。

九、佛云，放光如來説，若有人入是法門，一切法門皆得明了。

《法師行相品》，佛云，放光如來説，若法師登高座説此法門時，不自大，心不染著，即真法師也。

十、《遮謗品》，佛云，放光如來説，若有不信此法，毁謗謂非佛語，得無量惡報。

《持經功德品》，佛云，放光如來説，若有受持此經，得無量無邊功德成就。

《爲他悔過品》，佛云，放光如來説，若謗此經已，却復悔過，披露投誠，即得善報。

《六度品》，佛云，放光如來説所行六度妙行。

彼 十卷

大法炬經

十一、佛云，放光如來行精進行。

《求證品》，净行子須達多詣放光如來所，聞四諦法門妙義。

《菩薩證三昧品》，佛云，爾時會中大士，聞放光如來説四諦法門，各各自證念佛三昧。

來集會。

《召諸大士品》，佛云，放光如來眉間放光，照及十方世界。菩薩、聲聞、龍天、國王、人民，悉

十二、《問等覺品》，佛云，一切衆生唯知言佛，不知佛者是何義何名。佛能自覺悟，亦覺悟他。覺行圓滿，故名佛也。

《因緣品》，天帝問：「何因何緣，菩薩悉集會祭光王園中？」放光如來云：「過去各於此中種善根故。」

十三、《供養法師品》，佛云，諸天子聞是三法藏陀羅尼，思念欲於如來所廣陳供養，及未來法師。

十四、《入海神變品》，佛云，放光如來捨師子奮迅三昧，放一光明，入海境界，化諸龍衆，爲龍説法。

《果須彌山品》，佛云，放光如來受龍供已，即上天宫，爲帝釋諸天演説妙法。

十五、《天伏修羅品》，佛云，放光如來王爲修羅説法，令不與諸天鬪戰，各以慈心相向。

《修羅本業品》，佛云，放光如來説，修煉本所修習惡業惡行，以嗔爲根本故。

《雜類本業品》，佛云，放光如來説諸畜類業行果報，捨身受身，彼心所作業故。

《無相品》，佛云，放光如來爲天帝云，我所説如是句義，畢竟皆不可得，一切諸趣悉無相故。

《勸修行品》，佛云，放光如來說，依此三法藏門字義，修習而得解脱。
《三字法門品》，佛云，放光如來，阿字者人言教，迦字者天言教，耶字者非人非天教也。
十六、《將護法師品》，佛云，放光如來說，若有人流通此三業法藏，即以神力護持，使無撓害。
《放光佛本事品》，佛云，放光如來過去爲香上菩薩，遇寶幢如來，出現放光灌頂，往佛所受是三藏法門。香上者，即是我身是也。
《教證法品》，佛云，放光如來復爲會中人天，分别三字三藏義，令各受持，各自思惟，各自證三昧也。
十七、《無住品》，佛云，爾時會中，或云諸法無有住處，或言皆住，或言無住，放光如來即爲解説。
《説聽功德品》，佛云，放光如來言，若有説是法門、聽是法門，皆得無量功德。
《證相品》，佛云，放光如來説此法門，攝無數億衆，入大宫殿三昧。
十八、《如化品》，佛云，天帝留放光如來久住天宫，即爲説一切法皆如幻化耳。
《緣生法品》，佛云，放光如來爲會中説因緣所生法相因相緣不斷也。
十九、《信解品》，佛云，放光如來云，此法門爲信者説，不爲不信者説，具足辯才。

《離惡友品》，佛云，放光如來説，若能離諸惡友，親近善友。即於此法藏信解受持。

《辨田讚施品》，佛云，放光如來説種其福田，辨其所施也。

二十、《付菩薩品》，佛云，放光如來囑諸大士，爲彼信者宣説成就佛法故。

《付天帝品》，佛云，放光如來令諸天，於一切處，宣説如是三種法藏，使佛種不斷。

《法師護品》，佛云，放光如來爲天帝云，若有法師，宣説三教藏三字三句法，常如法莊嚴高座，種種供養護持，勿令生惱也。

右《法炬經》二十卷，乃世尊爲阿難及人天衆，重説過去放光如來出現所演三藏三字義陀羅尼法門，使現在法衆知過去佛家風也。

短 十卷

大威德經

《大威德經》，二十卷。

一、如來爲阿難及人天衆説，過去諸佛已曾顯示法門，一者神通，二者根本。復云，一者欲具足，二者見具足。應知生，應知滅，應知入處。五破壞、五力、五語、五生趣、五聚陰人相，有一不具足，不得出家，如眼邪齒疎等相也。

二、佛説有根勝、有根堅，諸衆生所報相狀好惡。復説如來名號，十相、十具足、十身、十智、十心，一一法皆十法，以無盡故耳。

三、佛説，無二無三，則一分别、一因緣而成諸法。復爲諸天、諸龍，説諸神咒。若誦持者，則能成就一切善法。

四、佛告衆：「汝等應知一入，應知二入，應知三入，應知四入，應知眼等，應知四諦。」復説定光佛時，利益童子，與污魔論議等因緣。

五、佛云，此大神咒，能令衆生出生辯才。若有受持，最爲殊勝。一一咒皆有無量功德，過、現、未佛，皆説此咒，成就佛法。

六、波斯匿王有臣財主，能知算數，來詣佛所，論一法數。佛即説，及無量名字，皆如來因中隨方隨機應現，稱呼不同。、

七、佛言，是一不欲爲一切世間廣説，何者六根六塵等法，皆世間言説？乃説神咒，種種名字，種種法門。

八、佛云，一猛健從凡夫地，於中有情，若能回向菩提心，則爲一切衆生所歸依處。復説因中説猛健心，成菩薩行，無不爲天龍夜叉歸依恭敬。

九、佛云，有五種所入，所謂入畜生、入地獄、入修羅、入天、入人。復説應機而現，過去燈明如來所，比丘聞法，及長者妻，如糞坑等縁也。

十、佛云，知此言辭，不隨他智。然有五時，所謂行時、坐時、去時、來時、步時。五儉、五種、五力、五涅槃，一一説五法門，及説因地所修因縁妙義。

靡　十卷

大威德經

十一、佛説五種痛、五闇、五無間、五速疾、五羅刹、五波浪、五乏少，乃至一切法也。

十二、佛説阿字、那字門義，應知四十道別離，九十九減少，二十一方便，及無言辭法數，可撿細看見義。

十三、佛言世間法，所謂五陰、十八界、十二因縁，一切法。提河王詣佛所，説頭上白髮偈，佛云：「豈止一人頭上白髮也？」

十四、佛説初相行我、遊行我相故，若干出入息五相，當有七十七患。何者？瞋貪等相爲死生輪迴過患根本也。

十五、佛説四種食，住處爲食，穢相爲食，行步爲食，行净爲食。復説食想食過善一切食法門妙義。

十六、佛説大燈明如來弟子衆名字，是時法中有比丘，著是四種食想，或入地獄。一切佛法，比丘亦復如是。

十七、佛説有四種食，承事尊重，或爲安隱，或不安隱，或爲吉祥，或不吉祥。復説諸秘密神咒，及過所見、所聞、所行法門也。

十八、佛説，若不聽沙門入城，復有净心者，佛世難值。聽佛弟子入城，皆食有和合不和合。佛出現世，有如是因緣，皆衆生根殊也。

十九、佛云：「我今爲汝等作譬喻，顯其食過。」喻女人穢污之欲無厭，復現神力，示其從天來母胎時，諸天子悉來集會等相也。

二十、佛云，彼臺閣中，有十千數妙净食。爲菩薩時，示現之事，豈况而今已成正覺？其利生功德，無量、無邊、無等也。

侍 七卷

佛名經

《佛名經》，七卷，如來爲人天衆云：「若有受持過現未三世諸佛名號者，得福無量。」復云東方阿閦佛、火光佛等，七卷皆佛名號。唯第七卷初，略説諸佛壽量、劫分、國土、報應，以顯諸佛神力故也。

己 八卷

佛名經

《佛名經》，五卷，通前十二卷，皆佛菩薩名號。

莊嚴劫千佛經

《莊嚴劫千佛經》，人中尊佛、師子步佛等千佛名。

賢劫千佛經

《賢劫千佛經》，拘留孫佛、拘那含佛等千佛名。

星宿劫千佛經

《星宿劫千佛經》，龍威佛、華嚴佛、王中王佛等一千佛名號。

長 十卷

五千五百佛名經

《五千五百佛名經》，八卷。佛説，此五千五百佛號，若有人持一佛號，或一瞻，或一禮，或焚一香，或獻一花，皆得無量福壽。

不思議功德經

《不思議功德經》，二卷。

上、佛說東方妙尊音王如來等一切佛號。

下、佛說南方樹根花王如來等一切佛號，如有世間一切衆生稱念者，罪滅福生，獲不思議功德。

信 十卷

華手經

《華手經》，十卷。

一、《序品》，如來在竹林園，迦葉自石室，佛即分半座同坐。

《神力品》，如來現神力攝四衆，諸天悉來集會，令目連重嚴高座，爲衆決疑。

《網明品》，東方一寶佛所網明菩薩來此土，以花上佛，佛與彌勒示衆，以手摩花，一一菩薩手中有一一花，一一佛手中亦有一一花。

《如相品》，東方寶力佛所力行菩薩亦來此土，亦以花上佛，佛亦與彌勒示衆，願此花令一切衆生深種善根。

《不信品》，佛云，末世衆生不修身，不修心，不持戒，不信如是花手經典也。

二、《念處品》，佛云，依四念處，住於聖法中發心。

《即轉法輪品》，東方無相佛，與諸菩薩授記，來此土見佛。舍利弗問云：「曾請一切佛轉妙法輪稱斯名也。」

《現變品》，無相佛至此土已，現大神變。

《如來品》，轉法輪菩薩有大神力，能移此界他界，往來不覺，然不能動如來衣之一角。

《功德品》，佛云，若人受持此經，所得功德，譬喻不及。

《發心品》，東方須彌佛所德聚菩薩，持花至如來所，奉上於佛。佛授彌勒示衆，會中各發菩提心也。

三、《無憂品》，佛云，過去安王佛所，爲輪王子，名無憂，出家得道。

《中説品》，佛云，是中有佛有菩薩，皆來此土，以花奉佛。

《總相品》，如上所有世界一一佛，一一菩薩，一一奉花，一一上佛，一一示衆耳。

四、《上清浄品》，自上清浄刹，以至無量佛刹，佛菩薩持花至佛，而作佛事。

《散花品》，過恒河沙世界，外有自在佛所莊嚴菩薩，以花遥散此土佛上，無上罣礙，説偈稱揚佛功德。

五、《衆相品》，自衆相刹至檀香刹中間，一一刹一一佛菩薩，悉亦如是。

《諸方品》，南西北四維上下，一一方、一一界、一一佛、一一菩薩，悉如東方。

六、《三昧品》，如來見十方佛菩薩咸來，即於座上，入首楞嚴三昧及佛妙金剛三昧，净居天説偈。

《求法品》，如來從不動變三昧起，告舍利弗云：「求法須要多聞。」説菩薩所修四法乃至十法，因中爲妙德太子，遇安王佛出家，即我身是。

《歎德品》，佛言：「舍利弗，汝能問佛深妙，净行功德，一念相應，通達一切諸法。」

《驗行品》，佛言，一者能捨，二者求法，三者不逆甚深法，以此驗菩薩心。

七、《得念品》，佛云，過去德王明佛時，善根王子得念出家成道，王者我身是，善念者堅意菩薩是。

《正見品》，佛云，其謂正見，無高無下，觀耳、鼻、舌、身、意諸法等於涅槃。

《歎教品》，佛云，若護持正法，了達真論，繼佛種故，如來爲喜也。

《破壞品》，舍利弗云：「若人於此經解説四句，助成佛道，得幾所福？若有人破壞正法，得幾所罪？」佛爲分别説之。

八、《衆雜品》，佛爲説四救法，多怖畏者如來能救，入邪逕者聖道能救，諸惡業者念處能救，在八難者菩薩能救。及説四安四調和法，一一四也。

《引屎居士緣衆妙品》，佛云，有四法，能致一切最勝妙法，發大乘心，求法不倦，修治塔寺，起大悲行，是爲四也。

《逆順品》，佛言，若人於此正法，心無違逆，得無量福報功德。若有違逆者，招諸苦報。須信順法也。

九、《不退轉品》，佛云，四法修不退轉，至無上菩提也。

《爲法品》，佛言，若人求如是法，如法而行，以法化導，解説是法及諸法也。

《歎會品》，今此大會行净人會、爲師子會、無所畏會、大龍會、殊特會、無比會也。

《上堅德品》，爾時會中堅意菩薩，聞其法門，以衣上佛。即於衣中，現大神變。乃過去寶光如來時，輪王上堅德以衣上佛，爾時王者即堅意是也。

十、《法門品》，佛告堅意，法無名、無思、無慮、無言説。復説阿字法門，及因地所修無量妙行妙義。

《囑累品》，佛言：「我滅度後，若有人以花作會，供養此經，得無量殊勝功德也。」

使 四經

方等陀羅尼經

《方等陀羅尼經》，四卷。

一、文殊請問，佛説諸魔諸比丘過去、現在因緣，復説諸神咒，令誦持獲福。

二、佛爲雷音菩薩、文殊、阿難，説諸法要，授五百弟子、諸天、餓鬼、魔王等，一切法門。

三、佛告文殊：「若我在世及滅度後，有來求陀羅尼者，得十種夢王，七日行法者，即爲授之。」乃解説十夢境，七日受持儀則。

四、文殊問佛：「若四衆破戒，常隨地獄。如何懺滅，不受此苦，戒復再圓？」佛説咒曰：「離婆離婆諦仇呵仇呵帝陀羅離帝尼呵離帝毗摩離帝莎呵。」如是神咒，持者能滅一切諸惡律儀罪。

僧伽吒經

《僧伽吒經》，四卷。

一、一切勇菩薩問：「云何利益衆生？」佛云有僧伽吒法門，復説其功力。有謗此法生地獄，一切衆將説此法。

二、佛云，過去浄月王受持僧伽吒法門，而滅五逆罪。如來即現神變，諸天諸菩薩各各云，王舍城如來今日必説微妙法門，故現斯瑞也。

三、藥王菩薩問：「何緣出世？」佛云，欲令衆生多聞故，出現於世，及多因緣果報故，或因地或神變，或十方咸集也。

四、藥上菩薩問：「如何方便，令一切衆生得聞正法？」佛云：「我説生老病死苦，衆生不聽。」會中五千比丘皆起問佛：「我等亦有死耶？」佛爲説法，各各悟無常。

力莊嚴經

《力莊嚴經》，三卷。

上、如來入力莊嚴三昧，光照諸天十方佛土。文殊會中二十童子，各至佛所作禮，復往十方佛所，而爲恭敬。

中、佛令阿難召諸比丘，即入影現三昧。文殊復問，佛即校量功德。智輪童子問如來智、自在智、不思議等十智法門，佛即一一解説，答其義也。

下、佛與智輪童子問答對辨，其旨趣淵微，非識情測度。在悟心見性者，可以明了。如云衆生即是佛，便印其説也。

大方廣圓覺修多羅了義經

大覺心廣博，猶如虛空方軌生妙解，任持圓性廣塵沙大用，密應頓機圓心體周遍，滿足無餘覺虛明靈照，無所分別修多羅顯彰佛理，契合群機了義決擇義味，詮指究竟。

如來在大光明藏，與文殊、普賢、普眼、金剛藏、彌勒、清净慧、威德自在、辯音、净諸業障、普覺、圓覺、賢善首，此十二大菩薩，密説頓悟、頓證、頓解、頓修諸禪觀境法門妙趣。

右此《圓覺經》，則如來直指頓機而明本覺妙性本來圓也。大唐圭峰密禪師悟入斯旨，乃述《大疏》《略疏》《大鈔》《略鈔》《修證儀》，以稱揚流通也。相國裴公美作序，而普告大衆。然師歷于寒暑二十四載，斯疏方就。其間一言三復，然後著筆。存心若是，豈率爾耶？故今三百餘年，盛行天下，禪、律靡不宗尚也。

可　十卷

觀佛三昧海經

《觀佛三昧海經》，十卷。

一、《六譬品》，净飯王白言：「佛是吾子，吾爲佛父。見佛色相，光明愈顯。但見其外，不見其内。我云何觀佛色相，知佛常行尺度？」佛云：一師子入胎喻，二旃檀喻，三金翅喻，四伽陀樹喻，五波利質多喻，六修羅女喻，乃劫初光音天人，海中浴遺精西成也。

《序觀地品》，净飯王曰：「云何觀佛境界？」佛爲王説其相好。

《觀相品》，佛爲父王説如來頂相及諸莊嚴無量功德也。

二、佛爲父王説，降魔時放白毫光相，諸魔競來，以慈心三昧而爲攝化也。

三、佛爲父王説，如來眼耳鼻舌身等，一切德相，殊妙無比。

四、佛爲父王説，如來爲一切衆生放常光相，長利益一切有情。

五、《觀佛心品》，佛告父王，佛心如紅蓮華，此心中放光，照及地獄受苦衆生，悉得解脱。及説地獄苦相也。

六、《觀四無量心品》，佛爲父王説佛心時，即放光明，照十方界。一一光中，有化佛相，皆心所現，乃經劫行慈悲喜捨心，得如是報也。

七、《威儀品》，如來起行，足步虛空。王見歡喜，亦隨佛行。佛舉足時，千輪相現。如來行至曠野，化長者子、諸鬼神，示現四威儀。

八、《觀馬王藏相品》，佛告阿難，云何當觀如來陰馬藏相？謂諸女疑心，故示現耳。

九、《本行品》，佛説三十二相八十種好諸功德聚，放光照十方佛界。

《觀像品》，彌勒問云：「佛滅度後，一切衆生如何觀於佛像？」佛云：「若觀像者，如觀我見在身，無異也。」

十、《念七佛品》，佛云，若觀像心成就，當觀過去佛像，念七佛名號。

《觀十方佛品》，佛云，東西南北四維上下，皆有佛名。衆生持念者，成念佛三昧。

《佛密行品》，佛云，若人成就念佛三昧，即得身口意清浄，不起邪見，不行污行也。

覆　十卷

佛報恩經

《佛報恩經》，七卷。

一、《序品》，阿難持鉢，見外道謗佛云，生七日喪母，捨父出家等事，爲大不孝之人。以此白佛，如來放光，照十方世界。一一佛所菩薩來至佛會，聽説報恩法門。

《孝養品》，佛説，爲須闍提太子，父王失位，去投他國，途中絶糧，日割肉三斤，以活父王夫人。得到别國，帝釋化身來活助我。

二、《對治品》，佛説，爲輪王刻身挂千燈，供養説佛法師。

《菩提心品》，喜王菩薩問，云何知恩報恩？佛云，若要報恩，發菩提心，亦勸他發如是心也。

三、《論品》，佛在忉利，爲母説法。優填王思念於佛，議論刻像爲忍辱。父子出眼出髓，合藥治父王病。摩耶爲鹿女，爲王夫人生一蓮華，埋向池中，後花中生五百葉，一一葉有一童子。後出家成辟支佛道，各現神變焚身。

四、《惡友品》，佛云，調達非今日與我爲害，過去爲惡友太子，我爲善友太子。入海求珠害我等，一切因地中爲害因緣也。

五、《慈品》，佛爲舍利弗等現神力已，説過去爲大光明王，人來乞頭即施與，救五百賊出家因緣。

六、《優波離品》，阿難白佛，優波離下賤之人，佛聽出家，令國王大臣不生恭敬，尊貴比丘而生慢易。佛説因地果報也。

七、《親近品》，佛説，爲長子者，殺賊伴令衆安隱，爲堅誓師子，身毛金色。獵人著佛袈裟，被害不起惡念。及説諸緣起報應。

菩薩本行經

《菩薩本行經》，三卷。

上、佛爲貧人，見五百長者作施場，乃問開施何爲，云求佛菩提。乃捨身求佛法，天帝釋現身，成就善根。

中、佛爲須達説布施果報，多施少報，少施多報。供養百千白衣，不如供養一浄行，乃至供養百千諸佛，不如供養一無心道人。如是等因緣也。

下、佛在毗耶離城，一切疫鬼悉皆遠去。佛還摩竭，疫鬼復來。如是往反七遭，爲人除病。

復説過去爲尸毗王，割肉等一切因緣。

右《三昧海經》，則净飯王觀世尊勝相妙好，所行殊特也。《報恩經》，則如來無數劫中行其孝道，報父母也。《本行經》，則佛過現行菩薩行，義旨昭然。

（奉佛弟子葉允麟與室中薩十八娘及弟子莫詢等，共施净財一十貫，文省彫斯經板一卷，廣流聖教，各爲所生父母，願超净界者。）

大藏經綱目指要録卷第四